Mit Hegel
dem Weltgeist auf der Spur

HERDER spektrum

Band 5871

Das Buch

Hegel und der Weltgeist – nicht gerade ein leichtes Thema, denkt man. Doch ist der berühmte Denker wirklich so schwer zugänglich? Und was hat es eigentlich mit dem Weltgeist auf sich? Hans-Joachim Neubauer und Christiane Seiler zeigen einen anderen Hegel, einen philosophischen Schriftsteller, der die Welt kennt, sich den Menschen, ihrer Religion und Geschichte zuwendet, einen Philosophen, der auf den Fortschritt setzt, denn über allem schwebt der, um den sich bei Hegel alles dreht: der Weltgeist. Unsere Sammlung lädt ein zu einem vergnüglichen philosophischen Abenteuer: Da geht es um das Philosophieren an sich, um den Gang der Weltgeschichte und um den Trost der Schönen Künste. Doch Hegel wird auch als Privatmann und Ratgeber in moralischen Fragen sichtbar, spricht über sein kompliziertes Verhältnis zu Frauen und wendet sich leidenschaftlich gegen alle Formen der Unterdrückung.

Weht der Weltgeist, wie oder wo er will? Der große deutsche Philosoph in einem neuen Licht. Luzide und unterhaltsam.

Der Autor

Georg Wilhelm Friedrich Hegel, geb. 1770 in Stuttgart, gestorben 1831 in Berlin, war ein deutscher Philosoph und zentraler Vertreter des Deutschen Idealismus.

Die Herausgeber

Hans-Joachim Neubauer arbeitet als Korrespondent des „Rheinischen Merkur" in Berlin und lehrt an der Filmhochschule Potsdam-Babelsberg. Bei Herder Spektrum: „Mit Kant am Ast der Dummheit sägen", „Mit Nietzsche die Langsamkeit entdecken" und „Mit Schopenhauer gelassen durchs Leben".

Christiane Seiler arbeitet als Übersetzerin und Radioautorin in Berlin.

Friedrich Hegel

Mit Hegel dem Weltgeist auf der Spur

Herausgegeben von
Hans-Joachim Neubauer
und Christiane Seiler

HERDER

FREIBURG · BASEL · WIEN

Gedruckt auf umweltfreundlichem,
chlorfrei gebleichtem Papier

Originalausgabe

Alle Rechte vorbehalten – Printed in Czech Republic
© Verlag Herder Freiburg im Breisgau 2007
www.herder.de
Satz: Dtp-Satzservice Peter Huber, Freiburg
Druck und Bindung:
CPI Moravia Books, Pohorelice 2007
Umschlaggestaltung und Konzeption:
R·M·E München/Roland Eschlbeck, Julia Wolf
ISBN 978-3-451-05871-4

Inhalt

Good luck, Hegel
Vorwort 7

Die Arbeit des Philosophen
Berufstätigkeit – Lebende Kollegen und tote –
Die Wissenschaft 16

Mensch und Natur
Das Wesen der Dinge – Die Tierwelt –
Herrschen und Betrachten 30

Von der Geschichte
Sonnenaufgang – Eine neue Philosophie –
Zeit, Ziel und List der Vernunft 43

Geschäftsführer des Weltgeistes
Unsere neue Epoche –
Alexander, Cäsar, Napoleon 57

Wahrheit und Trost des Schönen
Die mächtige Kunst – Zur Komik 72

Als Einzelner unter Anderen
Im Laufe des Lebens – Kind und Kindheit –
Sprechen, Schreien, Schlafen 83

Gegen das Strafen
Ein Exkurs   98

Volk und Staat
Kein Land wie dieses – Deutschdumm –
Deutsche und andere Europäer –
Verfassung   104

Männer und Frauen
Herzensworte – Ehepflichten –
Andere Lieben   118

Religion
Vom Heidentum zum Christentum –
Religionskritik – Protestantismus –
Das Heiligtum der Wahrheit   132

Freiheit und Vernunft
Herrschaft, Knechtschaft, Selbstbewusstsein –
Die Idee   147

Anhang
Quellen, Materialien   158

Good luck, Hegel

Vorwort

„Ich ist das Zaubernde."
HEGEL

„Ein Buch über Hegel?" Der Professor am anderen Ende der Leitung räuspert sich. Dann holt er tief Luft, als wolle er eine längere Rede halten. Doch bevor er auflegt, sagt er nur zwei Worte: „Good luck!" Offenbar ist er beeindruckt. Auch bei Profis und Spezialisten verbreitet Georg Wilhelm Friedrich Hegel bis heute Respekt. Tatsächlich gilt er nicht gerade als leichter Autor: lange Sätze, große Themen. Und es gibt diese Bilder: ein längliches Gesicht, ernste blaue Augen, steile Nase, schütteres Haar, dazu, nicht ganz passend, ein doch sinnlich wirkender Mund. Nein, sehr lustig wirkt er nicht, der Professor aus Berlin, Preußens angeblicher Staatsphilosoph und eingefleischter Napoleon-Fan, wie er uns da entgegenblickt, die Stirn umwölkt von der List der Vernunft, von der Furie des Verschwindens und von der Dialektik sowieso. Aber ist er wirklich so ernst, fällt es wirklich so schwer, ihn zu verstehen? Und was hat es eigentlich auf sich mit dem Weltgeist? Den Professor am Telefon können wir nicht mehr fragen, aber: „Der *letzte königliche* Weg beim Studium ist das Selbstdenken." Sagt Hegel. Er muss es wissen. Mit ihm macht das Selberdenken und -lesen auch noch Spaß. Denn als ein guter Philosoph kann Hegel vor allem eines: gut schreiben. Er ist ein wacher, sehr politischer Kopf, voller Hoffnung für die Zukunft, dabei in manchem seiner Zeit weit voraus, in vielem auch unserer. Die Lust am Lesen wächst, je weiter man kommt.

Wer die richtigen Texte findet, erkennt Hegel als einen philosophischen Schriftsteller, der die Welt kennt und liebt, der sich den Menschen zuwendet, ihrem Fühlen und Denken, ihren Staaten und Völkern, ihrer Religion und ihrer Geschichte. Außerdem schnupft er Tabak und spielt leidenschaftlich gerne Karten, denn „Verstand und Leidenschaft sind die Eigenschaften der Seele, welche dabei tätig sind." Ansonsten setzt Hegel auf den Fortschritt und das Frische, Neue, welches das Alte „aufhebt", verwandelt, ersetzt: „Das Vernünftigste aber, was die Kinder mit ihrem Spielzeug machen können, ist, dass sie dasselbe zerbrechen." Und über allem schwebt, in allem webt der, um den sich fast alles dreht: Der Weltgeist persönlich.

Hegel ist natürlich nicht der erste, der nach dem Zusammenhang der Welt fragt. Die Griechen haben die Weltseele, die alles durchwirkt, Herder und Goethe auch, und das Christentum spekuliert auf Gott. Hegel also sucht nach dem Weltgeist, und offenbar wird er fündig. Das zumindest spüren die Zeitgenossen, und sie versuchen zu verstehen, was die Welt im Innersten zusammenhält. Das heißt, sie lesen Hegel oder versuchen es zumindest. Was schon damals nicht jedem zufliegt. Auch nicht dem Baron Boris d'Uxkull, einem 23-jährigen Esten aus der Gegend um Riga. Er hat als Garderittmeister in 17 Schlachten auf Seiten Russlands gegen Napoleon gekämpft. Und sich dabei nicht

nur als tapferer Soldat, sondern auch als „deutscher
Casanova" einen Namen gemacht. (Sein Tagebuch wird
den sprechenden Titel „Armeen und Amouren" tragen, was aber selbst Hegel nicht wissen kann, schließ-
lich erscheint es erst über 130 Jahre nach seinem Tod.)

Sein amouröses Armeeleben hat Uxkull so stark mit-
genommen, dass er beschließt, sich der Welt nun von
der anderen Seite her zu nähern; zur Abwechslung
will er seinen Geist bilden. Und zwar bei und durch
Hegel. Im Frühjahr 1817 erreicht er dessen
Wohnort Heidelberg: „Kaum angekom-
men, war mein erstes Geschäft, nachdem
ich mich etwas umgesehen, den Mann zu
besuchen, von dessen Persönlichkeit ich mir
die abenteuerlichsten Bilder entworfen hatte. Mit aus-
studierten Phrasen, denn ich war mir meiner völligen
Unwissenschaftlichkeit bewusst, ging ich nicht ohne
Scheu aber äußerlich zuversichtlich zu dem Professor
hin und fand zu meiner nicht geringen Verwunderung
einen ganz schlichten und einfachen Mann, der ziemlich schwerfällig sprach und nichts Bedeutendes vor-
brachte."

Mit diesem Eindruck steht Uxkull übrigens nicht
allein: Viele, die das Vergnügen hatten, mit Hegel
Abend, Tisch oder Mahlzeit zu teilen, berichten von
einem etwas groben, leicht linkischen Gesellschafter.
Das zumindest ist ihr erster, flüchtiger Eindruck. Offenbar genießt es Hegel, unterschätzt zu werden. Schließ-
lich weiß er nicht erst in seiner späteren Berliner
Zeit, was die Welt erwartet, wenn sie den Champion
des ganz scharfen Scharfsinns aufsucht. An der Spree

nämlich gehört es zum guten Ton, sich in Hegels Vorlesung zu treffen, um gemeinsam dem Nichtverstehen zu frönen. Gut für die Kollegienkasse des Professors, gut auch für seinen Mythos.

Sicher ist der etwas ungelenke Wahl-Heidelberger Hegel von seinem weltläufigen Gast, der zudem nur halb so alt ist wie er selbst, beeindruckt. Dass Uxkull gegen Hegels „Weltseele" Napoleon kämpfte, spielt dabei – heute wäre so etwas unvorstellbar – unter internationalen Intellektuellen keine Rolle, und das, obwohl Hegels jüngerer Bruder Georg Ludwig fünf Jahre zuvor als napoleonischer Offizier in Russland fiel.

Vielleicht fühlt sich Hegel gegenüber Uxkull sogar ein wenig provinziell. Denn er spricht, wie später eine Berliner Dame berichtet, „nicht ohne äußere Schwierigkeit. Sein Organ war ihm nicht günstig zur Rede; der Ausdruck weder leicht noch elegant; der Schwäbische Dialekt war ihm geblieben; er begleitete stets die Rede mit Bewegung der Arme und Hände." Das ist höflich gesprochen. Trockener wirkt, was einer von Hegels Berliner Professorenkollegen notiert: „Das offenbar Beschwerliche in Hegels Sprache konnte ich mir nur dadurch erklären, dass er gewissermaßen in Hauptwörtern dachte, dass bei Betrachtung eines Gegenstandes ihm die Beziehungen gleichsam wie Gestalten erschienen." Ja, es scheint gar, dass Hegel „den Inhalt seiner Gedanken erst übersetzte, so dass ihm jede Sprache gewissermaßen als fremde erschien." Vielleicht ist es selbst für Hegel nicht immer ganz leicht, seinen eigenen Gedanken zu folgen.

Und der Baron? Uxkull fährt fort: „Unbefriedigt von diesem Eindruck, obschon heimlich angezogen von Hegels freundlichem Empfang und einem gewissen Zug gütiger und doch ironischer Höflichkeit, ging ich, nachdem ich die Collegia des Professors angenommen, zum ersten besten Buchhändler, kaufte mir die schon erschienenen Werke Hegels und setzte mich abends bequem in meine Sofaecke, um sie durchzulesen." Auf diesem Sofa nun ereignet sich die Urszene der Hegellektüre schlechthin: „Allein je mehr ich las, und je aufmerksamer ich beim Lesen zu werden mich bemühte, je weniger verstand ich das Gelesene, so dass ich, nachdem ich mich ein paar Stunden mit einem Satze abgequält hatte, ohne etwas davon verstehen zu können, das Buch verstimmt weglegte, jedoch aus Neugierde die Vorlesungen besuchte." Doch das hilft wenig: „Ehrlicherweise aber musste ich mir sagen, dass ich meine eigenen Hefte nicht verstand und dass mir alle Vorkenntnisse zu diesen Wissenschaften fehlten." Hegel empfiehlt Nachhilfe: „Lateinische Lektüre, die Rudimente der Algebra, Naturkunde und Geographie". So richtig aber will es nicht gelingen, aus dem charmanten Rittmeister einen Philosophen zu schmieden.

Verschiedentlich werden Hegel und Uxkull noch auf „einsamen Spaziergängen" gesichtet, bei denen Hegel seinem Schüler sein Leid eingesteht: „Er klagte auch wohl, nicht verstanden zu sein, wiederholte, dass das logische Wissen nun abgeschlossen sei und ein jeder jetzt in seiner Disziplin aufzuräumen habe, da des Materials nun schon zu viel sei, aber die logische Beziehung und Verarbeitung noch fehle". An Selbstbewusstsein mangelt es Hegel nicht, doch sein treuer Student streicht – frustriert? geheilt? – die Segel: „Nach dieser Heidelberger Periode führte Boris d'Uxkull ein großartiges Reiseleben." Hegels „Logik" immer im Gepäck. Da liegen noch gut fünfzehn Jahre vor Hegel. Und eine Menge kluger Vorlesungen – vor einem begeisterten Berliner Publikum.

Georg Wilhelm Friedrich Hegel, Sohn eines Rentkammersekretärs, 1770 in Stuttgart geboren, hat die Welt verändert. Ohne ihn wäre der Marxismus nicht denkbar, die Existentialisten berufen sich auf ihn, und was hätte Heidegger gelesen, wenn er nicht Hegel gehabt hätte? 1788 geht Hegel als Theologie-Student in das Tübinger Stift, freundet sich mit Schelling und Friedrich Hölderlin an, begeistert sich an der französischen Revolution und wird auch sonst politisch. Und ernsthaft; seinen Spitznamen „alter Mann" wird er in seiner Jugend nicht mehr los. Dem Pfarrer-Beruf weicht Hegel aus, geht als Hauslehrer nach Bern, 1797 nach Frankfurt. Er setzt ganz auf das Kapital der Bildung; seit seiner Kindheit liest und exzerpiert er die Autoren der Antike, die philosophischen Klassiker, auch Shakespeare, Montesquieu, Hobbes, Voltaire und die Belletristik seiner Zeit. Später, in seinen Vorlesungen zur Ästhetik, wird er, ohne zu übertreiben, sagen: „Ich kenne so ziemlich alles, und man soll und kann es kennen."

Mit einer astronomischen Dissertation qualifiziert er sich 1801 in Jena zum Privatdozenten, schon damals eine Position für Hungerleider. 1806 schließt er die „Phänomenologie des Geistes" ab. Am nächsten Tag zieht Napoleon in die Stadt ein; der begeisterte und beeindruckte Hegel geht nach Bamberg, wird Journalist, dann Schuldirektor in Nürnberg.

Und er heiratet. Seine Braut, Marie Tucher, ist zwanzig Jahre jünger als er und begleitet ihn auf seinem Weg nach Heidelberg, wo er 1816 Professor wird. Aus dieser Zeit stammt die beliebteste aller Hegel-Anekdoten, von der niemand weiß, ob sie wahr ist. „So ging er einst über den Platz zum Universitätsgebäude, nachdem ein tüchtiger Regen die Erde aufgeweicht hatte. Ein Schuh blieb im Kot stecken. Er ging aber weiter, ohne den Defekt zu bemerken." Das erzählen Heidelberger Hochschullehrer noch heute gern, wenn sie mal schmunzeln wollen.

In Berlin wird er 1818 Professor und unterrichtet bis zu seinem Tod Philosophie. Im August 1831, in einer seiner letzten Eintragungen, notiert er: „Pressefreiheit: In Berlin werde von der Zensur nicht erlaubt, Schriften herauszugeben, die sich gegen die Kontagiosität der Cholera erklären." Drei Monate später, am 14. November, stirbt er an der Cholera; sein Grab ist auf dem Dorotheenstädtischen Friedhof.

Unsere Sammlung soll zeigen, welche politischen und philosophischen Abenteuer sich hinter diesem äußerlich unauffälligen Leben verbergen. Hegel hat sich auf die Spur des Weltgeistes gemacht, und wir wollen ihm auf seiner faszinierenden Reise folgen. Dabei entdecken wir auch die Umrisse seiner spannenden Philosophie des Fortschritts und einen sympathischen und immer wachen politischen Denker.

Was macht sie aus, die „Arbeit des Philosophen"? Das erste Kapitel führt direkt zum Denken. Macht Erklären Spaß? Was tut man mit Kollegen? Zum Glück gibt es die Wahrheit. – Was ist ein Kater, was steckt in ihm, wie können wir das Wesen der Dinge erkennen, wer hebt den Schleier? In „Mensch und Natur" erfahren wir auch, dass Hegel Gletscher hässlich fand. – Von der Geschichte der Welt handelt das dritte Kapitel: Die List der Vernunft sorgt für den Sonnenaufgang über der Historie; die französische Revolution wirkt nach, allen Beschlüssen der Reaktion zum Trotz.

Hegel hat Napoleon mit eigenen Augen gesehen, damals in Jena. In „Geschäftsführer des Weltgeistes" entdeckt Hegel die philosophischen Folgen dieser Figur. – Das fünfte Kapitel spricht von der Wahrheit und vom Trost der Schönen Künste: Zur Tiefe der Antike kommen wir nicht mehr zurück, doch vielleicht gibt es einen Ersatz? – In „Als Einzelner unter Anderen" zeigt Hegel, wie aus Kindern Leute werden, wie sich der Lauf des Lebens ergibt, und was geschieht, wenn wir sprechen, schreien oder schlafen.

In dem Exkurs „Gegen das Strafen" treffen wir auf den radikalen Humanisten Hegel; sein Kampf gilt der barbarischen Arroganz der Macht. – Wie steht Hegel zu den Deutschen, zu ihren engen Straßen und fürchterlichen Räuschen? „Volk und Staat" gibt ernüchternde Einblicke unter germanische Nachthauben. – Mit dem anderen Geschlecht tut sich Hegel nicht immer leicht. „Männer und Frauen" zeigt, was das bedeuten kann, auch für die Wilden in weiter Ferne. – Haben die Philosophie und die Religion das gleiche

Projekt? Im zehnten Kapitel betritt Hegel das „Heiligtum der Wahrheit". – Herrschaft, Knechtschaft und der lange Weg zur Freiheit: Das Schlusskapitel öffnet den Blick für das Ziel der Geschichte.

So hängt bei Hegel letztlich alles mit allem zusammen, der Geist mit der Geschichte, der Glauben mit dem Denken, die Schönheit mit der Freiheit, denn: „Die Welt ist eine Blume, die aus *einem* Samenkorn ewig hervorgeht." Vielleicht ist der ach so nüchterne schwäbische Preuße Hegel ja doch, was keiner ahnte: ein großer Zauberer. Good luck mit Georg Wilhelm Friedrich!

Die Arbeit des Philosophen

Berufstätigkeit – Lebende Kollegen und tote –
Die Wissenschaft

Was macht der Philosoph? Er sitzt und liest und schreibt. Und dabei ist er mitten in der Welt. Dagegen ist die Arbeit des Redakteurs nicht Arbeit zu nennen, glaubt Hegel. Die „Zeitungs-Galeere" will er so schnell wie möglich verlassen, auch wenn sie ihm manche Einblicke in die aktuelle politische Lage brachte. Doch der Vorsprung des Denkers liegt in seiner Freiheit. Und dabei geht es nicht nur um ökonomische Unabhängigkeit, sondern um den Thrill des Denkens: „Wozu der Weltgeist 100 und 1000 Jahre braucht, das machen wir schneller, weil wir den Vorteil haben, dass es eine Vergangenheit (ist) und in der Abstraktion geschieht." Dazu braucht es nur die Kraft und Freiheit zum „Selbstdenken". Das ist der „letzte königliche Weg" beim Studium.

Dagegen ist Empirie sekundär. Während sich die Kollegen der anderen Wissenschaften damit zufrieden geben, eines „neuen Wurms oder sonstigen Ungeziefers und Geschmeißes" ansichtig zu werden, stürmt Hegel den Olymp des Denkens. Dort finden einige ihren Platz, vielleicht sogar die Bauersfrau mit ihrer Kuh. Sicher aber kein einziger Positivist.

Ist die Wahrheit für uns Menschen überhaupt erkennbar? Hegel betrachtet seine Philosophie als Wissenschaft, nicht als Kunst. Das macht Arbeit, aber die lohnt sich. Es ist halt so: „Abstrakt lernt man denken durch abstraktes Denken." Und das beherrscht die

Bäurin besser als mancher Professor. Aber was hat das „in der Vorstellung bleibende Bewusstsein" mit dem „Pissen" zu tun?

Berufstätigkeit

Der schönen Welt ist nichts so unerträglich als das Erklären. Mir selbst ist es schrecklich genug, wenn einer zu erklären anfängt, denn zur Not verstehe ich alles selbst. *JS*

Die theoretische Arbeit, überzeuge ich mich täglich mehr, bringt mehr zustande in der Welt als die praktische; ist erst das Reich der Vorstellung revolutioniert, so hält die Wirklichkeit nicht aus. *B*

Es wird versichert, dass wir urteilen: das Gold ist gelb. Diese Versicherung ist wahrscheinlich. Aber nicht ebenso wahrscheinlich ist, dass wir schließen: alle Menschen sind sterblich: Cajus ist ein Mensch; also ist er sterblich. Ich wenigstens habe nie so plattes Zeug gedacht. Es soll im Innern vorgehen, ohne dass wir Bewusstsein darüber haben. Freilich, im Innern geht viel vor, z.B. Harnbereitung und ein noch Schlimmeres, aber wenn es äußerlich wird, halten wir die Nase zu. Ebenso bei solchem Schließen. *JS*

Was meine Arbeit betrifft, wenn Sie etwa darnach fragen sollten, so kann ich sie nur uneigentlich Arbeiten nennen; das Zeitungswesen geht in einem ungehinderten, zwar genuss- aber auch verdrusslosen Gange fort. Ich finde, dass ich nachgerade etwas mehr Geist in meine Beschäftigung bringen muss und wende mich zu diesem Behufe an Sie mit der Bitte, mir dabei behülflich zu sein. Zu diesem Zwecke scheint mir nämlich eine Rumfordsche Kaffeemaschine sehr dienlich zu sein. … Ich werde mich durch ein solches Meuble in meiner Existenz wesentlich für befördert halten und Ihnen für diese Besorgung sehr verpflichtet sein.[B]

Ich sehne mich umso mehr, von meiner Zeitungs-Galeere endlich wegzukommen, da ich kürzlich wieder eine Inquisition hatte, die mich an meine ganze Lage näher erinnerte. Das Zeitungs-Etablissement enthält den beträchtlichen Teil des Vermögens einer Familie, meine Subsistenz hängt ganz davon ab, ebenso die Subsistenz zweier verheirateter Arbeiter und einiger andern Personen. Dies alles wird durch einen einzigen Artikel, der anstößig gefunden wird, aufs Spiel gesetzt; ich bin es, der einen solchen Artikel aufgenommen hätte, und zugleich ist mehr als je ungewiss, was Anstoß geben kann; ein Zeitungsschreiber tappt darüber nur im Blinden herum.[B]

Es schien mir ganz lebhaft, dass ich in großer Gesellschaft einer Dissertation beiwohnte, die 2 Physiologen … über den Vorzug der Affen oder der Schweine gegeneinander hielten. Der eine bekannte sich als Anhänger des Philanthropismus, hatte einen großmauligen, breitleibigen Patron namens Pippel zur Seite und machte den bekannten physiologischen Satz geltend, dass die Schweine von allen Tieren den Verdauungsorganen und übrigen Eingeweiden nach am meisten Ähnlichkeit mit den Menschen haben. Der andere gab sich für einen Freund des Humanismus aus, setzte jene Ähnlichkeit nach den Verdauungswerkzeugen herab, dagegen die Affen wegen ihrer Possierlichkeit, humanem Aussehen, Manieren, Nachahmungsfähigkeit usf. hinauf. Der Patron Pippel wollte immer auch noch andere Dinge, selbst juridische von Menschenrechten, Verfassung usf. auf die Bahn bringen. Allein der Präsident, der gleichsam das Schicksal bei dem ganzen Aktus machte, behandelte alles dergleichen als Emballage und Allotria, ließ sie nicht ernstlich zum Worte kommen und hielt immer daran fest, es handle sich bloß um jenes Thema des Vorzugs der beiden genannten Geschlechter. Ein superkluger Mensch, in der Ecke mehr für sich murmelnd, fragte den Präsidenten – was mir wie die Faust aufs Auge zu passen schien – ob er es denn so meine, dass der Pippel, wenn es ihm einmal warm im Kopf und Herzen werde, bekanntlich Hosen und Wams daransetze, dass die Aristokraten sich dies zunutz machen und der Pippel dabei bloß der Narr im Spiele sei, wie in des Teufels Namen von rechtswegen geschehe und immer geschehen sei. – Diesen rannte dann der Historikus Zschokke zwischen die Beine, schreiend, den Bernern habe man doch von Zürich aus mit Worten wenigstens bereits geantwortet, ... spanische und portugiesische Inquisition, Mönche und unendlich viel anderes Spanisches und Portugiesisches militiere auch für ihn usf. – Da erwachte ich, und (es) fiel mir hart ein, dass ich in die Lektion solle und übers Recht Vorlesungen zu halten habe.[B]

Ich arbeite, so viel sichs tun lässt, an meiner allgemeinen Logik und werde so bald damit nicht fertig sein; ich fühle, dass es mich noch mehr Mühe kosten wird, der Sache so Meister zu werden, dass sie elementarisch wird; denn Sie wissen, dass auf eine sublime Art unverständlich zu sein leichter ist, als auf eine schlichte Weise verständlich, und der Unterricht für die Jugend und die Zubereitung der Materie dazu sind der letzte Probierstein der Klarheit.[B]

Mein erster dortiger (in Jena) Versuch in Vorlesungen hat, wie ich sonst vernehme, ein Vorurteil daselbst gegen mich zurückgelassen. Ich war freilich Anfänger, hatte mich noch nicht zur Klarheit hindurchgearbeitet und war im mündlichen Vortrag an den Buchstaben meines Heftes gebunden. Eine bald 8-jährige Übung auf dem Gymnasium, wo man in der beständigen Wechselwirkung der Unterredung mit seinen Zuhörern ist und gefasst zu werden und deutlich zu sein sich zur ersten Notwendigkeit von selbst macht, hat mir seitdem eine vollkommene Freiheit verschafft.[B]

Solches Zeug, sagt man, die Abstraktionen, die wir betrachten, wenn wir so in unserem Kabinett die Philosophen sich zanken und streiten lassen und es so oder so ausmachen, sind Wort-Abstraktionen. – Nein! Nein! Es sind Taten des Weltgeistes, meine Herren, und darum des Schicksals. Die Philosophen sind dabei dem Herrn näher, als die sich nähren von den Brosamen des Geistes; sie lesen oder schreiben diese Kabinettsordres gleich im Original: sie sind gehalten, diese mitzuschreiben. Die Philosophen sind die *mystoi*, die beim

Ruck im innersten Heiligtum mit- und dabeigewesen; die anderen haben ihr besonderes Interesse: diese Herrschaft, diesen Reichtum, dies Mädchen. – Wozu der Weltgeist 100 und 1000 Jahre braucht, das machen wir schneller, weil wir den Vorteil haben, dass es eine Vergangenheit (ist) und in der Abstraktion geschieht.*GPh*

Wir Älteren, die wir in den Stürmen der Zeit zu Männern gereift sind, können Sie glücklich preisen, deren Jugend in diese Tage fällt, wo Sie sich der Wahrheit und der Wissenschaft unverkümmerter widmen können. Ich habe mein Leben der Wissenschaft geweiht, und es ist mir erfreulich, nunmehr auf einem Standorte mich zu befinden, wo ich in höherem Maße und in einem ausgedehnteren Wirkungskreise zur Verbreitung und Belebung des höheren wissenschaftlichen Interesses mitwirken und zunächst zu Ihrer Einleitung in dasselbe beitragen kann. Ich hoffe, es wird mir gelingen, Ihr Vertrauen zu verdienen und zu gewinnen. Zunächst aber darf ich nichts in Anspruch nehmen, als dass Sie vor allem nur Vertrauen zu der Wissenschaft und Vertrauen zu sich selbst mitbringen. Der Mut der Wahrheit, der Glaube an die Macht des Geistes ist die erste Bedingung der Philosophie. Der Mensch, da er Geist ist, darf und soll sich selbst des Höchsten würdig achten; von der Größe und Macht seines Geistes kann er nicht groß genug denken.*GPh*

Man verlangt oft, man solle in dem, der zur Philosophie hinzutritt, erst das *Bedürfnis der Philosophie* erwecken und ihn auf denjenigen Standpunkt bringen, auf welchem eben die Philosophie Bedürfnis ist. – Erstens ist dies Bedürfnis bei Ihnen, meine Herren, die einen Teil Ihrer Beschäftigung dem Studium der Philosophie widmen wollen, schon vorauszusetzen; dies Bedürfnis mag nun aus einem tieferen inneren Grund kommen oder eine äußerliche Veranlassung haben: die Autorität anderer, der Eltern, Lehrer, die Ihnen dieses aufgegeben haben; aber im allgemeinen ist das, was dem eigentlichen Bedürfnis der Philosophie zugrunde liegt, bei jedem (*denkenden*) Menschen vorauszusetzen; der Mensch fängt nämlich überhaupt von sinnlicher Erkenntnis, sinnlichen Begierden und Trieben an; eine äußerliche Welt legt sich offen vor ihm dar, seine Bedürfnisse und seine Neugierde treiben ihn zu derselben, – die Regungen seiner inneren Empfindungen, seines Herzens, Gefühl von Recht und Unrecht, Gefühl seiner Selbsterhaltung, seiner Ehre usw. treiben ihn. Dieser Standpunkt (jedoch) befriedigt ihn nicht; das *Vernünftige*, das *instinktmäßig* in ihm ist, und die Reflexion, die sich darauf richtet, führt ihn zum *Allgemeinen* und zum Ursprünglichen dieser erscheinenden Welt, – zum Forschen nach Gründen und Ursachen, nach den Gesetzen, nach dem *Bleibenden* in diesem Wandelbaren und Unsteten; sie führt ihn ferner überhaupt vom Sinnlichen ab, entrückt ihn demselben und stellt ihm den Gedanken eines Ewigen gegen das Zeitliche, eines Unendlichen und Unbeschränkten gegen das Endliche und Beschränkte dar oder macht ihn empfänglich, solche Gedanken von einer allgemeinen Weltordnung, von einem ersten Grund und Wesen aller Dinge aufzunehmen und sie in sich zu nähren.[En]

Lebende Kollegen und tote

Jeder will und meint besser zu sein als diese seine Welt. Wer besser *ist*, drückt nur diese seine Welt besser aus als andere.*JS*

Der gewöhnliche *königliche* Weg in der Philosophie ist, die Vorreden und Rezensionen zu lesen, um eine ungefähre Vorstellung von der Sache zu bekommen. Der *letzte königliche* Weg beim Studium ist das Selbstdenken.*JS*

Die Bauersfrau lebt im Kreise ihrer Liese, was ihre beste Kuh ist, dann der Schwarzen, der Scheckin usw.; auch des Märtens, ihres Buben, auch der Urschel, ihres Mädchens usf. So familiäre Dinge sind dem Philosophen die Unendlichkeit, das Erkennen, die Bewegung, die sinnlichen Gesetze usf. Und wie der Bauersfrau ihr verstorbener Bruder und Ohm, so dem Philosophen Platon, Spinoza usf. Eins hat soviel Wirklichkeit als das andere, diese aber haben die Ewigkeit voraus.*JS*

Platon studierte bei vielen Philosophen, gab sich lange, saure Mühe, machte Reisen, war wohl kein produktives Genie, auch kein dichterisches, sondern ein langsamer Kopf. Gott gibt es dem Genie im Schlafe. Was er ihnen im Schlaf gibt, sind dafür auch nur Träume.*JS*

Wie es eine dichterische Genieperiode gegeben hat, so scheint gegenwärtig die *philosophische Genieperiode* zu sein. Etwas Kohlenstoff, Sauerstoff, Stickstoff und Wasserstoff zusammengeknetet und in ein von anderen mit Polarität usw. beschriebenes Papier gesteckt, mit einem hölzernen Zopf der Eitelkeit etc. Raketen in die Luft geschossen, meinen sie, das Empyreum darzustellen. So *Görres, Wagner* u. a. Die roheste Empirie mit Formalismus von Stoffen und Polen, verbrämt mit vernunftlosen Analogien und besoffenen Gedankenblitzen.[JS]

Wieland, dem man sonst eben nicht Paradoxie vorwirft, hat den paradoxen Satz aufgestellt, dass es dienlich sei, von der Materie, worüber man schreibe, etwas zu verstehen, und man hat ihn probat gefunden.[JS]

Die barbarische Zähigkeit des Begreifens (ist) flüssiger und rascher geworden, dass wenige Jahre schon die *Nachwelt* herbeiführen. Über *Kantische* Philosophie ist längst der Stab gebrochen, während *Wolffische* fünfzig und mehr Jahre sich gehalten. Rascher ist für *Fichtes* Philosophie das Bestimmen ihres Standpunktes herangeeilt. Was *Schellingsche* Philosophie in ihrem Wesen ist, wird kurze Zeit offenbaren. Das Gericht über sie steht gleichsam vor der Tür, denn viele verstehen sie schon. Doch erlagen diese Philosophien weniger dem Beweise als der empirischen Erfahrung, wie weit mit ihnen zu kommen ist. Blind bilden sie die Anhänger aus, aber das Gewebe wird immer dünner, und endlich finden sie sich von der Spinnewebendurchsichtigkeit überrascht. Es ist ihnen wie Eis geschmolzen und wie Quecksilber durch die Finger gelaufen, ohne dass sie wüssten, wie ihnen geschah. Sie habens eben nicht mehr, und wer ihnen in die Hand sieht, mit der sie ihre Weisheit ausboten, sieht nichts als die leere Hand und geht mit Gespött weiter.[JS]

Die Sophisten sind gerade das Gegenteil von unserer Gelehrsamkeit, welche nur auf Kenntnisse geht und aufsucht, was *ist* und was gewesen ist, – eine Masse empirischen Stoffs, wo die Entdeckung einer neuen Gestalt, eines neuen Wurms oder sonstigen Ungeziefers und Geschmeißes für ein großes Glück gehalten wird. Unsere gelehrten Professoren sind insofern viel unschuldiger als die Sophisten; um diese Unschuld gibt aber die Philosophie nichts.[GPh]

Die zu unserer Zeit gang und gäben Deklamationen und Anmaßungen gegen die Philosophie bieten das sonderbare Schauspiel dar, dass sie durch jene Seichtigkeit, zu der diese Wissenschaft degradiert worden ist, einerseits ihr Recht haben und andererseits selbst in diesem Elemente wurzeln, gegen das sie undankbar gerichtet sind. Denn indem jenes sich so nennende Philosophieren die Erkenntnis der Wahrheit für einen törichten Versuch erklärt hat, hat es, wie der Despotismus der Kaiser *Roms* Adel und Sklaven, Tugend und Laster, Ehre und Unehre, Kenntnis und Unwissenheit *gleichgemacht* hat, alle Gedanken und alle Stoffe *nivelliert,* – so dass die Begriffe des Wahren, die Gesetze des Sittlichen auch weiter nichts sind als Meinungen und subjektive Überzeugungen und die verbrecherischsten Grundsätze als *Überzeugungen* mit jenen Gesetzen in gleiche Würde gestellt sind, und dass ebenso jede noch so kahlen und partikularen Objekte und noch so strohernen Materien in gleiche Würde gestellt sind mit dem, was das Interesse aller denkenden Menschen und die Bänder der sittlichen Welt ausmacht.[GPhR]

Die Wissenschaft

Abstrakt lernt man denken durch abstraktes Denken.[NHS]

Am schädlichsten ist es, *sich vor Irrtümern bewahren zu wollen*. Die Furcht, aktiv sich Irrtum zu schaffen, ist die Behaglichkeit und die Begleitung von absolut passivem Irrtum. So hat der Stein keinen aktiven Irrtum, außer z.B. Kalk, wenn Scheidewasser auf ihn gegossen wird. Da kommt er ganz aus sich. Er gerät ordentlich auf Abwege, braust auf, kommt in eine andere Welt. Es sind ihm böhmische Dörfer, er geht zugrunde. So nicht der Mensch. Er ist Substanz, erhält sich. Diese Steinheit oder Steinigkeit oder Steinernheit (denn die deutsche Sprache macht schwer ein Substantiv, ein Ding, einen soliden Mann, einen zünftigen Bürger, der Frau und Kinder hat, zu einem Prädikat!), diese Strengflüssigkeit ist es, auf die man Verzicht tun muss. Die *Bildsamkeit*, nicht das instinktmäßige *non aridet*, ist die Wahrheit. Erst wenn man die Sache versteht, was nach dem Lernen kommt, steht man über ihr.[JS]

Sollte das Absolute durch das Werkzeug uns nur überhaupt nähergebracht werden, ohne etwas an ihm zu verändern, wie etwa durch die Leimrute der Vogel, so würde es wohl, wenn es nicht an und für sich schon bei uns wäre und sein wollte, dieser List spotten; denn eine List wäre in diesem Falle das Erkennen, da es durch sein vielfaches Bemühen ganz etwas anderes zu treiben sich die Miene gibt, als nur die unmittelbare und somit mühelose Beziehung hervorzubringen.[PdG]

Wie der Mensch die Welt anblickt, so blickt sie ihn (an); ... nur insofern er sie vernünftig anblickt, gestaltet sie für ihn sich vernünftig.[En]

Was eine tiefe *Bedeutung* hat, taugt eben darum nichts.[JS]

Man fordert von der Philosophie, da die Religion verloren, dass sie sich aufs *Erbauen* lege und den Pfarrer vertrete.[JS]

Originelle ganz wunderbare Werke in der Bildung gleichen einer Bombe, die in eine faule Stadt fällt, worin alles beim Bierkrug sitzt und höchst weise ist und nicht fühlt, dass ihr plattes Wohlsein eben das Krachen des Donners herbeigeführt.[JS]

Wer nur Erbauung sucht, wer die irdische Mannigfaltigkeit seines Daseins und des Gedankens in Nebel einzuhüllen und nach dem unbestimmten Genusse dieser unbestimmten Göttlichkeit verlangt, mag zusehen, wo er dies findet; er wird leicht selbst sich etwas vorzuschwärmen und damit sich aufzuspreizen die Mittel finden. Die Philosophie aber muss sich hüten, erbaulich sein zu wollen.[PdG]

Die Wahrheit der Wissenschaft ist ein ruhiges, alles erleuchtendes und erfreuendes Licht sowie eine Wärme, in der alles zugleich gedeihlich hervorsprießt und die inneren Schätze in der Breite des Lebens auseinanderlegt. Der *Gedankenblitz* ist der Kapaneus, der dies himmlische Feuer auf eine schlechte verschwindende Weise formal vernichtend nachahmt und zu keinem bestehenden Leben zu kommen vermag.[JS]

Was ist der Gegenstand unserer Wissenschaft? Die einfachste und verständlichste Antwort auf diese Frage ist die, dass die *Wahrheit* dieser Gegenstand ist. Wahrheit ist ein hohes Wort und die noch höhere Sache. Wenn der Geist und das Gemüt des Menschen noch gesund sind, so muss diesem dabei sogleich die Brust höher schlagen. Es tritt dann aber auch alsbald das *Aber* auf, ob wir auch die Wahrheit zu erkennen vermögen. Es scheint eine Unangemessenheit stattzufinden zwischen uns beschränkten Menschen und der an und für sich seienden Wahrheit, und es entsteht die Frage nach der Brücke zwischen dem Endlichen und dem Unendlichen. Gott ist die Wahrheit; wie sollen wir ihn erkennen? Die Tugenden der Demut und der Bescheidenheit scheinen mit solchem Vorhaben im Widerspruch zu stehen. – Man fragt dann aber auch danach, ob die Wahrheit erkannt werden könne, um eine Rechtfertigung dafür zu finden, dass man in der Gemeinheit seiner endlichen Zwecke fortlebt. Mit solcher Demut ist es dann nicht weit her. Solche Sprache: wie soll ich armer Erdenwurm das Wahre zu erkennen vermögen?, ist vergangen; an deren Stelle ist der Dünkel und die Einbildung getreten, und man hat sich eingebildet, unmittelbar im Wahren zu sein. – Man hat der Jugend eingeredet, sie besitze das Wahre (in der Religion und im Sittlichen) schon, wie sie geht und steht. Insbesondere hat man auch in dieser Rücksicht gesagt, die sämtlichen Erwachsenen seien versunken, verholzt und verknöchert in der Unwahrheit. Der Jugend sei die Morgenröte erschienen, die ältere Welt aber befinde sich im Sumpf und Morast des Tages. Die besonderen Wissenschaften hat man dabei als etwas bezeichnet, das allerdings erworben werden müsse, aber als bloßes Mittel für äußere Lebenszwecke. Hier ist es also nicht Bescheidenheit, welche von der Erkenntnis und vom Studium der Wahrheit abhält, sondern die Überzeugung, dass man die Wahrheit schon an und für sich besitze. Die Älteren setzen nun allerdings ihre Hoffnung auf die Jugend, denn sie soll die Welt und die Wissenschaft fortsetzen. Aber diese Hoffnung wird nur auf die Jugend gesetzt, insofern sie nicht bleibt, wie sie ist, sondern die saure Arbeit des Geistes übernimmt.[En]

Das *Tiefe*, das der Geist von innen heraus, aber nur bis in sein *vorstellendes Bewusstsein* treibt und es in diesem stehenlässt, – und die *Unwissenheit* dieses Bewusstseins, was das ist, was es sagt, ist dieselbe Verknüpfung des Hohen und Niedrigen, welche an dem Lebendigen die Natur in der Verknüpfung des Organs seiner höchsten Vollendung, des Organs der Zeugung, und des Organs des Pissens naiv ausdrückt. – Das unendliche Urteil als unendliches wäre die Vollendung des sich selbst erfassenden Lebens; das in der Vorstellung bleibende Bewusstsein desselben aber verhält sich als Pissen.[PdG]

Mensch und Natur

*Das Wesen der Dinge – Die Tierwelt –
Herrschen und Betrachten*

Gegenüber der Natur erweist sich das Wesen des Menschen. Er ist von ihr getrennt, doch zugleich fasziniert sie ihn wie eine vor langem verlassene Heimat. Die Tiere sind unsere fremden Verwandten, unerreichbar für unsere Vorstellung: „Man weiß nicht, was in diesen Bestien steckt, und kann ihnen nicht trauen." Ein schwarzer Kater mit glühenden Augen gibt Rätsel auf, ein Hund oder ein Kanarienvogel erscheinen freundlich, doch wie und was sind sie wirklich? „Die Tiere sind in der Tat das Unbegreifliche", schreibt Hegel; ihr Wesen bleibt „ein schlechthin Fremdartiges". Der Mensch ist das Nicht-Tier. Und die Natur provoziert zum Handeln: Sollen wir sie betrachten? Wollen wir sie beherrschen? Hegel, der liebend gerne spazieren geht, entscheidet sich für das Betrachten. Dabei analysiert er nicht nur den Eindruck der Natur selber, sondern die „Stimmungen des Gemüts" im Betrachter. Vielleicht ist das ein Zug der Natur, dass sie den Menschen mit seinen eigenen Empfindungen und Regungen konfrontiert. Können wir sie wirklich verstehen, können wir sie gar beherrschen?

Es hängt ein Schleier vor dem Wesen der Dinge. Doch das Wesen offenbart sich erst dem, der auf die andere Seite geht. Oder meint Hegel nicht vielmehr, dass wir selber es sind, die auf der anderen Seite des Schleiers zu sehen sind? Entscheidend ist wohl, wie

Hegel Subjekt und Objekt des Erkennens in Bewegung bringt. Die Wahrheit ist ein Prozess, kein Substrat.

„Die Wirklichkeit ist zu gut; was wirklich ist, ist vernünftig." Hegels umstrittenster Satz, immer wieder gelesen als totale Affirmation des Bestehenden, spricht von dem „Unterschied zwischen Erscheinungswelt und Wirklichkeit". Das Wirkliche in diesem Sinne ist eben das Wesen der Dinge. Ein Staat, der nicht notwendig so verfasst sein muss, wie er ist, ist eben nicht mehr vernünftig. So wie alles, was der Zeitlichkeit unterworfen ist, vergeht, seine Notwendigkeit einbüßt. Zwischen dem Unvernünftigen und dem Wirklichen herrscht eine nie endende Spannung. „An der Oberfläche balgen sich die Leidenschaften herum; das ist nicht die Wirklichkeit der Substanz", schreibt Hegel: „Das Zeitliche, Vergängliche existiert wohl, kann einem wohl Not genug machen, aber dessenungeachtet ist es keine wahrhafte Wirklichkeit". Wollen solche Sätze wirklich den preußischen Despotismus stützen?

Das Wesen der Dinge

Es zeigt sich, dass hinter dem sogenannten Vorhange, welcher das Innere verdecken soll, nichts zu sehen ist, wenn *wir* nicht selbst dahintergehen, ebensosehr damit gesehen werde, als dass etwas dahinter sei, das gesehen werden kann.[PdG]

Der Schatten, den das *Kerzenlicht* projiziert, von dem *Tageslicht* des Morgens erleuchtet, wird *blau*; der Schatten, den Tageslicht wirft (der schwächer ist, und um welchen aufkommen zu lassen man sich vom Licht entfernen muss), vom Kerzenlicht erhellt, wird *rot*. – Der Schatten, vom Kerzenlicht geworfen, ganz nahe an das Licht gehalten, schimmert gegen das Grünliche hin.[JS]

Man pflegt wohl die Aufgabe oder den Zweck der Philosophie so aufzufassen, dass das Wesen der Dinge erkannt werden soll, und versteht darunter eben nur so viel, dass die Dinge nicht in ihrer Unmittelbarkeit gelassen, sondern als durch Anderes vermittelt oder begründet nachgewiesen werden sollen. Das unmittelbare Sein der Dinge wird hier gleichsam als eine Rinde oder als ein Vorhang vorgestellt, hinter welchem das Wesen verborgen ist. – Wenn dann ferner gesagt wird: alle Dinge haben ein Wesen, so wird damit ausgesprochen, dass sie wahrhaft nicht das sind, als was sie sich unmittelbar erweisen. Es ist dann auch nicht abgetan mit einem bloßen Herumtreiben aus einer Qualität in eine andere und mit einem bloßen Fortgehen aus dem Qualitativen ins Quantitative und umgekehrt, sondern es ist in den Dingen ein Bleibendes, und dies ist zunächst das Wesen. Was nunmehr die sonstige Bedeutung und den Gebrauch der Kategorie des Wesens anbetrifft, so kann hier zunächst daran erinnert werden, wie wir uns im Deutschen beim Hilfszeitwort *sein* zur Bezeichnung der Vergangenheit des Ausdrucks *Wesen* bedienen, indem wir das vergangene Sein als *gewesen* bezeichnen. Dieser Irregularität des Sprachgebrauchs liegt insofern eine richtige Anschauung vom Verhältnis des Seins zum Wesen zugrunde, als wir das Wesen allerdings als das vergangene Sein betrachten können, wobei dann nur noch zu bemerken ist, dass dasjenige, was vergangen ist, deshalb nicht abstrakt negiert, sondern nur aufgehoben und somit zugleich konserviert ist. Sagen wir z. B.: Cäsar ist in Gallien *gewesen*, so ist damit nur die Unmittelbarkeit dessen, was hier vom Cäsar ausgesagt wird, nicht aber sein Aufenthalt in Gallien überhaupt negiert, denn dieser ist es ja eben, der den Inhalt dieser Aussage bildet, welcher Inhalt aber hier als aufgehoben vorgestellt wird.[En]

Die Wirklichkeit ist zu gut; was wirklich ist, ist vernünftig. Man muss aber wissen, unterscheiden, was in der Tat wirklich ist; im gemeinen Leben ist alles wirklich, aber es ist ein Unterschied zwischen Erscheinungswelt und Wirklichkeit. Das Wirkliche hat auch äußerliches Dasein; das bietet Willkür, Zufälligkeit dar, wie in der Natur Baum, Haus, Pflanze zusammenkommen. Die Oberfläche im Sittlichen, das Handeln der Menschen hat viel Schlimmes; da könnte vieles besser sein. Erkennt man die Substanz, so muss man durch die Oberfläche hindurchsehen. Menschen werden immer lasterhaft, verderbt sein; das ist nicht die Idee. An der Oberfläche balgen sich die Leidenschaften herum; das ist nicht die Wirklichkeit der Substanz. Das Zeitliche, Vergängliche existiert wohl, kann einem wohl Not genug machen, aber dessenungeachtet ist es keine wahrhafte Wirklichkeit, wie auch nicht die Partikularität des Subjekts, seine Wünsche, Neigungen.[GPh]

In der *äußeren Natur* kommt ... das Allgemeine nur durch *Vernichtung* des einzelnen Daseins zur höchsten Betätigung seiner Macht, sonach nicht zum *wirklichen Fürsichsein*. Auch die *natürliche* Seele ist zunächst nur die *reale Möglichkeit* dieses Fürsichseins. Erst im Ich wird diese Möglichkeit zur Wirklichkeit. In ihm folgt somit ein *Erwachen höherer Art* als das auf das bloße *Empfinden* des *Einzelnen* beschränkte *natürliche Erwachen*; denn das Ich ist der durch die Naturseele schlagende und ihre Natürlichkeit verzehrende *Blitz.*[En]

Man muss sich nicht so ausdrücken, als habe der Mond Einfluss auf die Erde, wie wenn es eine äußerliche Einwirkung wäre. Das allgemeine Leben ist vielmehr passiv gegen die Individualität, und je kräftiger diese wird, desto unwirksamer wird die Gewalt der siderischen Mächte. Aus jenem allgemeinen Mitleben fließt, dass wir schlafen und wachen, des Morgens anders gestimmt sind als des Abends. Auch das Periodische des Mondwechsels findet sich am Lebendigen, vorzüglich bei Tieren, wenn sie krank sind; aber das Gesunde und dann vornehmlich das Geistige entreißt sich diesem allgemeinen Leben und stellt sich ihm entgegen. ... Einflüsse der Kometen sind durchaus nicht zu verneinen. Herrn *Bode* habe ich einmal zum Seufzen gebracht, weil ich gesagt, die Erfahrung zeige jetzt, dass auf Kometen gute Weinjahre folgen, wie in den Jahren 1811 und 1819, und diese doppelte Erfahrung sei ebensogut, ja besser als die über die Wiederkehr der Kometen. Was den Kometen-Wein so gut macht, ist, dass der Wasserprozess sich von der Erde losreißt und so einen veränderten Zustand des Planeten hervorbringt.[En]

Wie in der Natur des Polypen ebenso die Totalität des Lebens ist als in der Natur der Nachtigall und des Löwen, so hat der Weltgeist in jeder Gestalt sein dumpferes oder entwickelteres, aber absolutes Selbstgefühl und in jedem Volke, unter jedem Ganzen von Sitten und Gesetzen sein Wesen und seiner selbst genossen.[JS]

Die Tierwelt

Der Affe ist eine Satire auf den Menschen, die dieser gern sehen muss, wenn er es nicht so ernsthaft mit sich nehmen, sondern sich über sich selbst lustig machen will.[En]

Das Tier ist nicht gut und nicht böse; der Mensch aber im tierischen Zustande ist wild, ist *böse*, ist, wie er *nicht sein soll*. Wie er von Natur ist, ist er, wie er nicht sein soll; sondern was er ist, soll er durch den Geist sein, durch Wissen und Wollen dessen, was das Rechte ist. Dies, dass der Mensch, wenn er nur nach der Natur ist, nicht ist, wie er sein soll, ist so ausgedrückt worden, dass der Mensch *von Natur böse* ist. – Es ist darin enthalten: der Mensch soll sich selbst betrachten, wie er ist, sofern er nur nach der Natur lebt, seinem Herzen folgt, d. i. dem, was nur von selbst aufsteigt.[PhR]

Für uns ist der Tierdienst widrig; wir können uns an die Anbetung des Himmels gewöhnen, aber die Verehrung der Tiere ist uns fremd, denn die Abstraktion des Naturelements erscheint uns allgemeiner und daher verehrlicher. Dennoch ist es gewiss, dass die Völker, welche die Sonne und die Gestirne verehrt haben, auf keine Weise höher zu achten sind als die, welche das Tier anbeten, sondern umgekehrt, denn die Ägypter haben in der Tierwelt das Innere und Unbegreifliche angeschaut. Auch uns, wenn wir das Leben und Tun der Tiere betrachten, setzt ihr Instinkt, ihre zweckmäßige Tätigkeit, Unruhe, Beweglichkeit und Lebhaftigkeit in Verwunderung; denn sie sind höchst regsam und sehr gescheit für ihre Lebenszwecke und zugleich stumm und verschlossen. Man weiß nicht, was in diesen Bestien steckt, und kann ihnen nicht trauen. Ein schwarzer Kater mit seinen glühenden Augen und bald schleichender Bewegung, bald raschen Sprüngen galt sonst als die Gegenwart eines bösen Wesens, als ein unverstandenes, sich verschließendes Gespenst; dagegen der Hund, der Kanarienvogel als ein freundlich sympathisierendes Leben erscheint. Die Tiere sind in der Tat das Unbegreifliche; es kann sich ein Mensch nicht in eine Hundsnatur, soviel er sonst Ähnlichkeit mit ihr haben möchte, hineinphantasieren oder vorstellen, sie bleibt ihm ein schlechthin Fremdartiges. [PhG]

Das *Tier als solches* ist nicht zu zeigen, sondern nur immer ein bestimmtes. *Das* Tier existiert nicht, sondern ist die allgemeine Natur der einzelnen Tiere, und jedes existierende Tier ist ein viel konkreter Bestimmtes, ein Besonderes. Aber Tier zu sein, die Gattung als das Allgemeine, gehört dem bestimmten Tier an und macht seine bestimmte Wesentlichkeit aus. Nehmen wir das Tiersein vom Hunde weg, so wäre nicht zu sagen, was er sei. Die Dinge überhaupt haben eine bleibende, innere Natur und ein äußerliches Dasein. Sie leben und sterben, entstehen und vergehen; ihre Wesentlichkeit, ihre Allgemeinheit ist die Gattung, und diese ist nicht bloß als ein Gemeinschaftliches aufzufassen.[En]

Der Vogel in der Luft und andere Tiere geben eine Stimme von sich aus Schmerz, Bedürfnis, Hunger, Sattheit, Lust, Freudigkeit, Brunst: das Pferd wiehert, wenn es zur Schlacht geht; Insekten summen; Katzen, wenn es ihnen wohl geht, schnurren. Das theoretische Sich-Ergehen des Vogels, der singt, ist aber eine höhere Art der Stimme; und dass es so weit beim Vogel kommt, ist schon ein Besonderes dagegen, dass die Tiere überhaupt Stimme haben. Denn während die Fische im Wasser stumm sind, so schweben die Vögel frei in der Luft, als ihrem Elemente; von der objektiven Schwere der Erde getrennt, erfüllen sie die Luft mit sich und äußern ihr Selbstgefühl im besonderen Elemente. Metalle haben Klang, aber noch nicht Stimme; Stimme ist der geistig gewordene Mechanismus, der sich so selbst äußert. Das Unorganische zeigt seine spezifische Bestimmtheit erst, wenn es dazu sollizitiert, wenn es angeschlagen wird; das Animalische klingt aber aus sich selbst. Das Subjektive gibt sich als dies Seelenhafte kund, indem es in sich erzittert und die Luft nur erzittern macht. Diese Subjektivität für sich ist, ganz abstrakt, der reine Prozess der Zeit, der im konkreten Körper, als die sich realisierende Zeit, das Erzittern und der Ton ist. Der Ton kommt dem Tiere so zu, dass dessen Tätigkeit selbst das Erzitternmachen des leiblichen Organismus ist. ... Die Stimme ist das Nächste zum Denken; denn hier wird die reine

Subjektivität gegenständlich, nicht als eine besondere Wirklichkeit, als ein Zustand oder eine Empfindung, sondern im abstrakten Elemente von Raum und Zeit.[En]

Jedes Tierleben (ist) durchaus beschränkt und an ganz bestimmte Qualitäten gebunden. Der Kreis seines Daseins ist eng und seine Interessen durch das Naturbedürfnis der Ernährung, des Geschlechtstriebes usf. beherrscht. Sein Seelenleben als das Innere, das in der Gestalt Ausdruck gewinnt, ist arm, abstrakt und gehaltlos. – Ferner tritt dies Innere nicht *als Inneres* in die Erscheinung hinaus, das Natürlich-Lebendige offenbart seine Seele nicht an ihm selbst, denn das Natürliche ist eben dieses, dass seine Seele nur innerlich bleibt, d. h. sich nicht selber als Ideelles äußert. ... Das Tier lässt durch seine Gestalt für die Anschauung eine Seele nur ahnen, denn es hat selber nur erst den trüben Schein einer Seele, als Hauch, Duft, der sich über das Ganze breitet, die Glieder zur Einheit bringt und im ganzen Habitus den ersten Beginn eines besonderen Charakters offenbar macht. ... Nur eine unbestimmte und ganz beschränkte Seelenhaftigkeit kommt zum Vorschein.[Ä]

Das *Denken* macht die Seele, womit auch das Tier begabt ist, erst zum Geiste, und die Philosophie ist nur ein Bewusstsein über jenen Inhalt, den Geist und seine Wahrheit, auch in der Gestalt und Weise jener seiner, ihn vom Tier unterscheidenden und der Religion fähig machenden Wesenheit.[En]

Ich habe diese Glieder, das Leben nur, *insofern ich will*; das Tier kann sich nicht selbst verstümmeln oder umbringen, aber der Mensch.[PhR]

Herrschen und Betrachten

Das praktische Verhalten zur Natur ... hat es nur mit einzelnen Produkten der Natur oder mit einzelnen Seiten dieser Produkte zu tun. Die Not und der Witz des Menschen hat unendlich mannigfaltige Weisen der Verwendung und Bemeisterung der Natur erfunden. ... Welche Kräfte die Natur auch gegen den Menschen entwickelt und loslässt, Kälte, wilde Tiere, Wasser, Feuer – er weiß Mittel gegen sie, und zwar nimmt er diese Mittel aus ihr, gebraucht sie gegen sie selbst; und die List seiner Vernunft gewährt, dass er gegen die natürlichen Mächte andere natürliche Dinge vorschiebt, diese jenen zum Aufreiben gibt und sich dahinter bewahrt und erhält. Aber der Natur selbst, des Allgemeinen derselben, kann er auf diese Weise nicht sich bemeistern, noch es zu seinen Zwecken abrichten.[En]

Das Meer lädt den Menschen zur Eroberung, zum Raub, aber ebenso zum Gewinn und zum Erwerbe ein. Das Land, die Talebene fixiert den Menschen an den Boden, er kommt dadurch in eine unendliche Menge von Abhängigkeiten; aber das Meer führt ihn über diese beschränkten Kreise hinaus. Die das Meer befahren, wollen auch gewinnen, erwerben; aber ihr Mittel ist in der Weise verkehrt, dass sie ihr Eigentum und Leben selbst in Gefahr des Verlustes setzen. Das

Mittel ist also das Gegenteil dessen, was sie bezwecken. Dies ist es eben, was den Erwerb und das Gewerbe über sich erhebt und ihn zu etwas Tapferem und Edlem macht. Mut muss nun innerhalb des Gewerbes eintreten, und Tapferkeit ist zugleich mit der Klugheit verbunden. Denn die Tapferkeit gegen das Meer muss zugleich List sein, da sie es mit dem Listigen, dem unsichersten und lügenhaftesten Element, zu tun hat. Diese unendliche Fläche ist absolut weich, denn sie widersteht keinem Drucke, selbst dem Hauche nicht; sie sieht unendlich unschuldig, nachgebend, freundlich und anschmiegend aus, und gerade diese Nachgiebigkeit ist es, die das Meer in das gefahrvollste und gewaltigste Element verkehrt. Solcher Täuschung und Gewalt setzt der Mensch lediglich ein einfaches Stück Holz entgegen, verlässt sich bloß auf seinen Mut und seine Geistesgegenwart und geht so vom Festen auf ein Haltungsloses über, seinen gemachten Boden selbst mit sich führend. Das Schiff, dieser Schwan der See, der in behenden und runden Bewegungen die Wellenebene durchschneidet oder Kreise in ihr zieht, ist ein Werkzeug, dessen Erfindung ebenso der Kühnheit des Menschen als seinem Verstande die größte Ehre macht.*PhG*

Der Naturzustand pflegt häufig als ein *vollkommener* Zustand des Menschen geschildert zu werden, sowohl nach der Glückseligkeit als nach der sittlichen Güte. Fürs erste ist zu bemerken, dass die *Unschuld* als solche keinen moralischen Wert hat, insofern sie Unwissenheit des Bösen ist und auf dem Mangel von Bedürfnissen beruht, unter welchen Böses geschehen kann.

Zweitens ist dieser Zustand vielmehr ein Zustand der *Gewalt* und des *Unrechts*, eben weil die Menschen sich in ihm nach der Natur betrachten. Nach dieser aber sind sie *ungleich*, sowohl in Rücksicht auf körperliche Kräfte als auf geistige Anlagen, und machen ihren Unterschied durch Gewalt und List gegeneinander geltend. Vernunft ist zwar auch im Naturzustande, aber das Natürliche ist das Herrschende. Die Menschen müssen daher aus ihm in einen Zustand übergehen, in welchem der vernünftige Wille das Herrschende ist.[NHS]

Wir sahen heute diese Gletscher nur in der Entfernung von einer halben Stunde und ihr Anblick bietet weiter nichts Interessantes dar. Man kann es nur eine *neue Art von Sehen* nennen, *die aber dem Geist schlechterdings keine weitere Beschäftigung gibt*, als dass ihm etwa auffällt, sich in der stärksten Hitze des Sommers so nahe bei Eismassen zu befinden, die selbst in einer Tiefe, wo sie Kirschen, Nüsse und Korn zur Reife bringt, von ihr nur unbeträchtlich geschmelzt werden können. Nach unten ist das Eis sehr schmutzig und zum Teil ganz mit Kot überzogen, und wer eine breite, bergabgehende, kotige Straße, in der der Schnee angefangen hat, zu schmelzen, gesehen hat, kann sich von der Ansicht des unteren Teils der Gletscher, wie sie von fern sich darstellt, einen ziemlichen Begriff machen und zugleich gestehen, dass dieser Anblick weder etwas Großes noch Liebliches hat. – Weiter hinauf erscheint das Eis in Pyramiden, die ein reineres Blau haben und die man in Vergleich mit dem unteren schmutzigen Eis, wenn man will, schöner nennen kann.[FS]

Eine eigentümliche Beziehung endlich gewinnt die Naturschönheit durch das Erregen von Stimmungen des Gemüts und durch Zusammenstimmen mit denselben. Solche Bezüglichkeit z. B. erhält die Stille einer Mondnacht, die Ruhe eines Tales, durch welches ein Bach sich hinschlängelt, die Erhabenheit des unermesslichen, aufgewühlten Meeres, die ruhige Größe des Sternenhimmels. Die Bedeutung gehört hier nicht mehr den Gegenständen als solchen an, sondern ist in der erweckten Gemütsstimmung zu suchen. Ebenso nennen wir Tiere schön, wenn sie einen Seelenausdruck zeigen, der mit menschlichen Eigenschaften einen Zusammenklang hat, wie Mut, Stärke, List, Gutmütigkeit usf. Es ist dies ein Ausdruck, der einerseits allerdings den Gegenständen eigen ist und eine Seite des Tierlebens darstellt, andererseits aber in unserer Vorstellung und unserem eigenen Gemüte liegt.[Ä]

Von der Geschichte

Die Geschichte ereignet sich vernünftig; und: Sie hat ein Ziel. Notwendig geht sie voran, trotz aller Widerstände und Widersprüche. Was entsteht, hat seinen Sinn, glaubt Hegel. Unbeirrt setzt er auf den Glauben an das vernünftige Fortschreiten der Geschichte. Wenn alte feudale Strukturen erschöpft sind, muss notwendig das Schießpulver erfunden werden: „Die Menschheit bedurfte seiner, und alsobald war es da."

Aber die Vernunft der Geschichte bedeutet nicht Abstraktion; im Gegenteil: „Das ist die *List der Vernunft* zu nennen, dass sie die Leidenschaften für sich wirken lässt". Aus dem Widerstreit der Kräfte und Mächte erst lassen sich Wirken und Ziel des Weltgeistes, der Plan Gottes herauslesen. Diese Lektüre der Historie gehört zu den Aufgaben des Philosophen. Seine Wissenschaft hat sich in Jahrhunderten entwickelt. Deshalb kann Hegel sagen, dass ihre Vernunft „das Vernehmen des göttlichen Werkes" sei.

Auch heute noch sehen viele Hegel allein als Philosophen der preußischen Repression. Kritiker Preußens wandten seinen Glauben an den Fortschritt der Geschichte und sein Wort von der Vernünftigkeit des Wirklichen gegen ihn. Und zu seiner Zeit sehen sich viele preußische Funktionäre von ihm bestätigt. Tatsächlich aber ist Hegel eng mit einem Netz von politischen Aufklärern verbunden. Zwei seiner Mitarbeiter werden von der preußischen Sicherheitsbürokratie schikaniert, und während sich die Antisemiten und Germanomanen der Zeit gegen seinen Glauben an die Vernunft stellen, wird Hegel von der Obrigkeit beäugt. Er ist schlicht zu frei für seine Zeit, wenn er auch nicht ganz frei ist von Illusionen, was das Leben im preußischen Staat anbelangt; und sicher macht er sich falsche Hoffnungen über die Reformierbarkeit des Systems. Doch gerade solche Illusionen hegen viele der liberal gesonnenen Intellektuellen und Politiker. Nach der Ermordung August von Kotzebues durch den Burschenschaftler Karl Ludwig Sand zieht der preußische Staat drastisch die Zügel an. Im Zuge der Karlsbader Beschlüsse kommt es zur „Demagogenverfolgung"; bleierne Stille legt sich über das Land.

Hegels Glaube an die Freiheit beruht auf der Erkenntnis, dass die französische Revolution welthistorisch notwendig war. Deshalb begeht er an jedem 14. Juli das Andenken der Erstürmung der Bastille: „Solange die Sonne am Firmamente steht und die Planeten um sie herumkreisen, war das nicht gesehen worden, dass der Mensch sich auf den Kopf, d. i. auf den Gedanken stellt und die Wirklichkeit nach diesem erbaut." Sie ist der Anfang der Zukunft. „Strebt der Sonne entgegen, Freunde, damit das Heil des menschlichen Geschlechtes bald reif werde!" So hoffnungsfroh wie Hegel blicken auch nach ihm nur wenige in die Zukunft. „Es geht vernünftig zu", sagt er, und es klingt, als begrüße er einen neuen Tag. Die „unschuldige Blume", die der Weltgeist zertritt, opfert Hegel leichten Herzens.

Sonnenaufgang

Der fürchterlich harte Druck, der auf dem Volke lastete, die Verlegenheit der Regierung, dem Hofe die Mittel zur Üppigkeit und zur Verschwendung herbeizutreiben, gaben den ersten Anlass zur Unzufriedenheit. Der neue Geist wurde tätig; der Druck trieb zur Untersuchung. Man sah, dass die dem Schweiße des Volkes abgepressten Summen nicht für den Staatszweck verwendet, sondern aufs unsinnigste verschwendet wurden. Das ganze System des Staats erschien als eine Ungerechtigkeit. Die Veränderung war notwendig gewaltsam, weil die Umgestaltung nicht von der Regierung vorgenommen wurde. Von der Regierung aber wurde sie nicht vorgenommen, weil der Hof, die Klerisei, der Adel, die Parlamente selbst ihren Besitz der Privilegien weder um der Not noch um des an und für sich seienden Rechts willen aufgeben wollten, weil die Regierung ferner, als konkreter Mittelpunkt der Staatsmacht, nicht die abstrakten Einzelwillen zum Prinzip nehmen und von diesen aus den Staat rekonstruieren konnte, und endlich weil sie eine katholische war, also der Begriff der Freiheit, der Vernunft der Gesetze, nicht als letzte absolute Verbindlichkeit galt, da das Heilige und das religiöse Gewissen davon getrennt sind. Der Gedanke, der Begriff des Rechts machte sich mit *einem Male* geltend, und dagegen konnte das alte Gerüst des Unrechts keinen Widerstand leisten. Im Gedanken des Rechts ist also jetzt eine Verfassung errichtet worden, und auf diesem Grunde sollte nunmehr alles basiert sein. Solange die Sonne am Firmamente steht und die Planeten um sie herumkreisen, war das nicht gesehen worden, dass der Mensch sich auf den Kopf, d.i. auf den Gedanken stellt und die Wirklichkeit nach diesem erbaut. Anaxagoras hatte zuerst gesagt, dass der *nous* die Welt regiert; nun aber erst ist der Mensch dazu gekommen, zu erkennen, dass der Gedanke die geistige Wirklichkeit regieren solle. Es war dieses somit ein herrlicher Sonnenaufgang. Alle denkenden Wesen haben diese Epoche mitgefeiert. Eine erhabene Rührung hat in jener Zeit geherrscht, ein Enthusiasmus des Geistes hat die Welt durchschauert, als sei es zur wirklichen Versöhnung des Göttlichen mit der Welt nun erst gekommen.[PhG]

Die Bauern mit Kolben und Morgenstern gingen siegreich aus dem Kampfe gegen den geharnischten, mit Spieß und Schwert gerüsteten und in Turnieren ritterlich geübten Adel und dessen Anmaßung hervor. Es ist alsdann gegen jene Übermacht der Bewaffnung noch ein anderes technisches Mittel gefunden worden – das *Schießpulver*. Die Menschheit bedurfte seiner, und alsobald war es da. Es war ein Hauptmittel zur Befreiung von der physischen Gewalt und zur Gleichmachung der Stände. Mit dem Unterschied in den Waffen schwand auch der Unterschied zwischen Herren und Knechten. Auch die Festigkeit der Burgen hat das Schießpulver gebrochen, und Burgen und Schlösser verlieren nunmehr ihre Wichtigkeit. Man kann zwar den Untergang oder die Herabsetzung des Wertes der persönlichen Tapferkeit bedauern (der Tapferste, Edelste kann von einem Schuft aus der Ferne, aus einem Winkel niedergeschossen werden); aber das Schießpulver hat vielmehr eine vernünftige, besonnene Tapferkeit, den geistigen Mut zur Hauptsache gemacht.[PhG]

Die heroischen Zeitalter sind nicht mehr auf jene idyllische Armut geistiger Interessen beschränkt, sondern gehen über dieselbe zu tieferen Leidenschaften und Zwecken hinaus; die nächste Umgebung aber der Individuen, die Befriedigung ihrer unmittelbaren Bedürfnisse ist noch ihr eigenes Tun. Die Nahrungsmittel sind noch einfacher und dadurch idealer, wie z. B. Honig, Milch, Wein, während Kaffee, Branntwein usf. uns sogleich die tausend Vermittlungen ins Gedächtnis zurückrufen, deren es zu ihrer Bereitung bedarf. Ebenso schlachten und braten die Helden selber; sie bändigen das Ross, das sie reiten wollen; die Gerätschaften, welche sie gebrauchen, bereiten sie mehr oder weniger selber; Pflug, Waffen zur Verteidigung, Schild, Helm, Panzer, Schwert, Spieß sind ihr eigenes Werk, oder sie sind mit der Zubereitung vertraut. In einem solchen Zustande hat der Mensch in allem, was er benutzt und womit er sich umgibt, das Gefühl, dass er es aus sich selber hervorgebracht und es dadurch in den äußeren Dingen mit dem Seinigen und nicht mit entfremdeten Gegenständen zu tun hat, die außer seiner eigenen Sphäre, in welcher er Herr ist, liegen. Allerdings muss dann die Tätigkeit für das Herbeischaffen und Formieren des Materials nicht als eine saure Mühe, sondern als eine leichte, befriedigende Arbeit erscheinen, der sich kein Hindernis und kein Misslingen in den Weg stellt.$^{\ddot{A}}$

Es kann ... heutigentags keine *Platoniker, Aristoteliker, Stoiker, Epikureer* mehr geben. Sie wieder erwecken, den gebildeteren, tiefer in sich gegangenen Geist darauf zurückbringen zu wollen, würde ein Unmögliches, ein ebenso Törichtes sein, als wenn der Mann sich Mühe geben wollte, Jüngling, der Jüngling wieder Knabe oder Kind zu sein, obgleich der Mann, Jüngling und Kind ein und dasselbe Individuum ist.[GPh]

Der eine klärt das *Zeitalter* auf, der andere empfindet es in Sonetten hinauf, erzieht es auf, reflektiert, schaut es hinauf, betet es hinauf. Das Zeitalter ist für jeden der *truncus ficulnus*, aus dessen Ganzem jeder einen Merkur fabrizieren will; aber der Teufel führt ihm unter den Händen den *truncus* oder, um in ein ander Gleichnis überzugehen, den Montblancgranit weg und lässt ihm nur ein Splitterchen oder Körnchen, so dass, wenn man sein fertiges Werk nunmehr beim Licht besieht, er ein verdammt kleines Merkürchen herausgebracht hat und nicht genug über Schlechtigkeit der Zeit und des Teufels schimpfen kann, der ihm nur solche Brosamen gelassen hat, so dass nun eine Menge von Zeitälterchen herumlaufen, die alle anders schildern: Salzmännisches, Campesches, Kuhpockenzeitälterchen; – es abklären, dass es reiner klarer Äther werde, aus dem frei die Sterngestalten in ewiger Sonnenschönheit in der Mitte herausspringen.[JS]

Eine neue Philosophie

Die Taten der Geschichte der Philosophie sind keine Abenteuer – sowenig die Weltgeschichte nur romantisch ist –, nicht nur eine Sammlung von zufälligen Begebenheiten, Fahrten irrender Ritter, die sich für sich herumschlagen, absichtslos abmühen und deren Wirksamkeit spurlos verschwunden ist. Ebensowenig hat sich hier einer etwas ausgeklügelt, dort ein anderer nach Willkür, sondern in der Bewegung des denkenden Geistes ist wesentlich Zusammenhang. Es geht vernünftig zu. Mit diesem Glauben an den Weltgeist müssen wir an die Geschichte und insbesondere an die Geschichte der Philosophie gehen.[GPh]

Gott regiert die Welt, der Inhalt seiner Regierung, die Vollführung seines Plans ist die Weltgeschichte. Diesen will die Philosophie erfassen; denn nur was aus ihm vollführt ist, hat Wirklichkeit, was ihm nicht gemäß ist, ist nur faule Existenz. Vor dem reinen Licht dieser göttlichen Idee, die kein bloßes Ideal ist, verschwindet der Schein, als ob die Welt ein verrücktes, törichtes Geschehen sei. Die Philosophie will den Inhalt, die Wirklichkeit der göttlichen Idee erkennen und die verschmähte Wirklichkeit rechtfertigen. Denn die Vernunft ist das Vernehmen des göttlichen Werkes.[PhG]

Der Zeitpunkt scheint eingetreten zu sein, wo die Philosophie sich wieder Aufmerksamkeit und Liebe versprechen darf, diese beinahe verstummte Wissenschaft ihre Stimme wieder erheben mag und hoffen darf, dass die für sie taub gewordene Welt ihr wieder ein Ohr leihen wird. Die Not der Zeit hat den kleinen Interessen der Gemeinheit des alltäglichen Lebens eine so große Wichtigkeit gegeben, die hohen Interessen der Wirklichkeit und die Kämpfe um dieselben haben alle Vermögen und alle Kraft des Geistes sowie die äußerlichen Mittel so sehr in Anspruch genommen, dass für das höhere innere Leben, die reinere Geistigkeit der Sinn sich nicht frei erhalten konnte und die besseren Naturen davon befangen und zum Teil darin aufgeopfert worden sind, weil der Weltgeist in der Wirklichkeit so sehr beschäftigt war, dass er sich nicht nach innen kehren und sich in sich selber sammeln konnte. Nun, da dieser Strom der Wirklichkeit gebrochen ist, da die deutsche Nation sich aus dem Gröbsten herausgehauen, da sie ihre Nationalität, den Grund alles lebendigen Lebens, gerettet hat, so dürfen wir hoffen, dass neben dem Staate, der alles Interesse in sich verschlungen, auch die Kirche sich emporhebe, dass neben dem Reich der Welt, worauf bisher die Gedanken und Anstrengungen gegangen, auch wieder an das Reich Gottes gedacht werde, mit anderen Worten, dass neben dem politischen und sonstigen an die gemeine Wirklichkeit gebundenen Interesse auch die reine Wissenschaft, die freie vernünftige Welt des Geistes wieder emporblühe.[GPh]

Das Wahre nicht zu wissen und nur Erscheinendes, Zeitliches und Zufälliges, nur das Eitle zu erkennen, diese Eitelkeit ist es, welche sich in der Philosophie breitgemacht hat und in unseren Zeiten noch breitmacht und das große Wort führt. Man kann wohl sagen, dass, seitdem sich die Philosophie in Deutschland hervorzutun angefangen hat, es nie so schlecht um diese Wissenschaft ausgesehen hat, dass eine solche Ansicht, ein solches Verzichttun auf vernünftiges Erkennen solche Anmaßung und solche Ausbreitung erlangt hätte, – eine Ansicht, welche noch von der vorhergehenden Periode sich herübergeschleppt hat und welche mit dem gediegenen Gefühle, dem neuen substantiellen Geiste so sehr in Widerspruch steht. Diese Morgenröte eines gediegeneren Geistes begrüße ich, rufe ich an, mit ihm nur habe ich es zu tun, indem ich behaupte, dass die Philosophie Gehalt haben müsse, und indem ich diesen Gehalt vor Ihnen entwickeln werde; überhaupt aber rufe ich den Geist der Jugend dabei an, denn sie ist die schöne Zeit des Lebens, das noch nicht in dem Systeme der beschränkten Zwecke der Not befangen und für sich der Freiheit einer interesselosen wissenschaftlichen Beschäftigung fähig ist; ebenso ist sie noch unbefangen von dem negativen Geiste der Eitelkeit, von dem Gehaltlosen eines bloß kritischen Abmühens. Ein noch gesundes Herz hat noch den Mut, Wahrheit zu verlangen, und das Reich der Wahrheit ist es, in welchem die Philosophie zu Hause ist, welches sie erbaut und dessen wir durch ihr Studium teilhaftig werden.[En]

Man wird schwindeln bei dieser höchsten Höhe aller Philosophie, wodurch der Mensch so sehr gehoben wird; aber warum ist man so spät darauf gekommen die Würde des Menschen höher anzuschlagen, sein Vermögen der Freiheit anzuerkennen, das ihn in die gleiche Ordnung aller Geister setzt? Ich glaube, es ist kein besseres Zeichen der Zeit als dieses, dass die Menschheit an sich selbst so achtungswert dargestellt wird; es ist ein Beweis, dass der Nimbus um die Häupter der Unterdrücker und Götter der Erde verschwindet. Die Philosophen beweisen diese Würde, die Völker werden sie fühlen lernen, und ihre in den Staub erniedrigten Rechte nicht fordern, sondern selbst wieder annehmen, – sich aneignen. Religion und Politik haben unter einer Decke gespielt, jene hat gelehrt was der Despotismus wollte, Verachtung des Menschengeschlechts, Unfähigkeit desselben zu irgend einem Guten, durch sich selbst etwas zu sein. Mit Verbreitung der Ideen, wie etwas sein soll, wird die Indolenz der gesetzten Leute, ewig alles zu nehmen, wie es ist, verschwinden. … Ich rufe mir immer aus dem Lebensläufer zu: „Strebt der Sonne entgegen, Freunde, damit das Heil des menschlichen Geschlechtes bald reif werde! Was wollen die Blätter? Was die Äste? – Schlagt euch durch zur Sonne, und ermüdet ihr, auch gut! Desto besser lässt sich schlafen." [B]

Zeit, Ziel und List der Vernunft

In der Weltgeschichte gilt die Einteilung – wie bei den Griechen und Römern – der Völker in zwei Teile: Griechen und Römer – *und* Barbaren. [BS]

Bis hierher ist nun der Weltgeist gekommen. Die letzte Philosophie ist das Resultat aller früheren; nichts ist verloren, alle Prinzipien sind erhalten. Diese konkrete Idee ist das Resultat der *Bemühungen des Geistes* durch fast 2500 Jahre.

Dass die Philosophie unserer Zeit hervorgebracht werde, dazu hat solch eine lange Zeit gehört; so träge und langsam arbeitete er, sich an dieses Ziel zu bringen. Was wir in der Erinnerung kurz überschauen, läuft in der Wirklichkeit in diese Länge auseinander. Denn in dieser strebt der Begriff des Geistes, in sich angetan mit seiner ganzen konkreten Entwicklung,

Reichtum, äußerlichem Bestehen, ihn durchzubilden und sich fortzuführen und aus ihm hervorzugehen. Er schreitet immer vorwärts zu, weil nur der Geist ist Fortschreiten. Oft scheint er sich vergessen, verloren zu haben; aber innerlich sich entgegengesetzt, ist er innerliches Fortarbeiten – wie Hamlet vom Geiste seines Vaters sagt, „Brav gearbeitet, wackerer Maulwurf" –, bis er, in sich erstarkt, jetzt die Erdrinde, die ihn von seiner Sonne, seinem Begriffe, schied, aufstößt, dass sie zusammenfällt. In solcher Zeit hat er die Siebenmeilenstiefel angelegt, wo sie, ein seelenloses, morsch gewordenes Gebäude, zusammenfällt und er in neuer Jugend sich gestaltet zeigt. Diese Arbeit des Geistes, sich zu erkennen, sich zu finden, diese Tätigkeit ist der Geist, das Leben des Geistes selbst. Sein Resultat ist der Begriff, den er von sich erfasst: die Geschichte der Philosophie die klare Einsicht, dass der Geist dies gewollt in seiner Geschichte. – Diese Arbeit des Menschengeistes im inneren Denken ist mit allen Stufen der Wirklichkeit parallel. Keine Philosophie geht über ihre Zeit hinaus. Die Geschichte der Philosophie ist das Innerste der Weltgeschichte.[GPh]

Die Zeit ist nicht gleichsam ein Behälter, worin alles wie in einen Strom gestellt ist, der fließt und von dem es fortgerissen und hinuntergerissen wird. Die Zeit ist nur diese Abstraktion des Verzehrens. Weil die Dinge endlich sind, darum sind sie in der Zeit; nicht weil sie in der Zeit sind, darum gehen sie unter, sondern die Dinge selbst sind das Zeitliche; so zu sein ist ihre objektive Bestimmung. Der Prozess der wirklichen Dinge selbst macht also die Zeit; und wenn die Zeit das Mächtigste genannt wird, so ist sie auch das Ohn-mächtigste. Das Jetzt hat ein ungeheures Recht, – es ist nichts als das einzelne Jetzt; aber dies Ausschlie-ßende in seiner Aufspreizung ist aufgelöst, zerflossen, zerstäubt, indem ich es ausspreche. Die Dauer ist das Allgemeine dieses Jetzt und jenes Jetzt, das Aufgeho-bensein dieses Prozesses der Dinge, die nicht dauern. Dauern Dinge auch, so vergeht die Zeit doch und ruht nicht; hier erscheint die Zeit als unabhängig und unterschieden von den Dingen. Sagen wir aber, die Zeit vergeht doch, wenn auch Dinge dauern, so heißt das nur: wenn auch einige Dinge dauern, so erscheint doch Veränderung an anderen Dingen, z. B. im Laufe der Sonne, und so sind die Dinge doch in der Zeit. Die allmähliche Veränderung ist dann die letzte seichte Zuflucht, um den Dingen doch Ruhe und Dauer zu-schreiben zu können. Stände alles still, selbst unsere Vorstellung, so dauerten wir, es wäre keine Zeit da. Die endlichen Dinge sind aber alle zeitlich, weil sie der Veränderung über kurz oder lang unterworfen sind; ihre Dauer ist mithin nur relativ.

Die absolute Zeitlosigkeit ist von der Dauer unter-schieden; das ist die Ewigkeit, die ohne die natürliche Zeit ist. Aber die Zeit selbst ist in ihrem Begriffe ewig; denn sie, nicht irgendeine Zeit, noch Jetzt, sondern die Zeit als Zeit ist ihr Begriff, dieser aber selbst, wie jeder Begriff überhaupt, das Ewige und darum auch absolute Gegenwart. Die Ewigkeit wird nicht sein, noch war sie; sondern sie ist. Die Dauer ist also von der Ewigkeit darin unterschieden, dass sie nur relati-ves Aufheben der Zeit ist; die Ewigkeit ist aber unend-liche, d. h. nicht relative, sondern in sich reflektierte Dauer.[En]

Die Vernunft ist ebenso *listig* als *mächtig*. Die List besteht überhaupt in der vermittelnden Tätigkeit, welche, indem sie die Objekte ihrer eigenen Natur gemäß aufeinander einwirken und sich aneinander abarbeiten lässt, ohne sich unmittelbar in diesen Prozess einzumischen, gleichwohl nur *ihren* Zweck zur Ausführung bringt. Man kann in diesem Sinne sagen, dass die göttliche Vorsehung, der Welt und ihrem Prozess gegenüber, sich als die absolute List verhält. Gott lässt die Menschen mit ihren besonderen Leidenschaften und Interessen gewähren, und was dadurch zustande kommt, das ist die Vollführung *seiner* Absichten, welche ein anderes sind als dasjenige, um was es denjenigen, deren er sich dabei bedient, zunächst zu tun war.[En]

Das Ziel, das absolute Wissen, oder der sich als Geist wissende Geist hat zu seinem Wege die Erinnerung der Geister, wie sie an ihnen selbst sind und die Organisation ihres Reichs vollbringen. Ihre Aufbewahrung nach der Seite ihres freien, in der Form der Zufälligkeit erscheinenden Daseins ist die Geschichte, nach der Seite ihrer begriffenen Organisation aber die *Wissenschaft des erscheinenden Wissens*; beide zusammen, die begriffene Geschichte, bilden die Erinnerung und die Schädelstätte des absoluten Geistes, die Wirklichkeit, Wahrheit und Gewissheit seines Throns, ohne den er das leblose Einsame wäre; nur –

aus dem Kelche dieses Geisterreiches
schäumt ihm seine Unendlichkeit.[PdG]

Ein welthistorisches Individuum hat nicht die Nüchternheit, dies und jenes zu wollen, viel Rücksichten zu nehmen, sondern es gehört ganz rücksichtslos dem *einen* Zwecke an. So ist es auch der Fall, dass sie andere große, ja heilige Interessen leichtsinnig behandeln, welches Benehmen sich freilich dem moralischen Tadel unterwirft. Aber solche große Gestalt muss manche unschuldige Blume zertreten, manches zertrümmern auf ihrem Wege.

Das besondere Interesse der Leidenschaft ist also unzertrennlich von der Betätigung des Allgemeinen; denn es ist aus dem Besonderen und Bestimmten und aus dessen Negation, dass das Allgemeine resultiert. Es ist das Besondere, das sich aneinander abkämpft und wovon ein Teil zugrunde gerichtet wird. Nicht die allgemeine Idee ist es, welche sich in Gegensatz und Kampf, welche sich in Gefahr begibt; sie hält sich unangegriffen und unbeschädigt im Hintergrund. Das ist die *List der Vernunft* zu nennen, dass sie die Leidenschaften für sich wirken lässt, wobei das, durch was sie sich in Existenz setzt, einbüßt und Schaden leidet. Denn es ist die Erscheinung, von der ein Teil nichtig, ein Teil affirmativ ist. Das Partikuläre ist meistens zu gering gegen das Allgemeine, die Individuen werden aufgeopfert und preisgegeben. Die Idee bezahlt den Tribut des Daseins und der Vergänglichkeit nicht aus sich, sondern aus den Leidenschaften der Individuen.[PhG]

Geschäftsführer des Weltgeistes

Unsere neue Epoche –
Alexander, Cäsar, Napoleon

Wenn es einen Anlass gibt, an den Fortschritt der Geschichte zu glauben, dann liegt
er in der Person Napoleon. Er ist der Große,
der einzige Staatsmann der Gegenwart, der mit einem
Caesar oder einem Alexander gleichauf liegt. „Weltseele" nennt ihn Hegel, denn er spürt, dass sich in
dem französischen Feldherren und Kaiser die Kräfte
der Geschichte verdichten. „Es ist eine neue Epoche in
der Welt entsprungen." Hinter die bürgerliche Revolution gibt es kein Zurück, glaubt Hegel. Was sich an
Partei und Partikularität dem „Kommando" des Weltgeistes widersetzt, bleibt unwirksam: „Alles verweilerische Geflunkere und weisemacherische Luftstreicherei hilft nichts dagegen."

Aus Jena und Nürnberg schreibt Hegel an den engen Freund Niethammer. Seine Briefe zeigen, wie sehr
ihn die Figur Napoleon, die Präsenz des Weltgeistes
erregt und beschäftigt. Doch es ist keine devote Verehrung, die er dem Imperator entgegenbringt. Nein, er
weiß, dass sich in Napoleon das Gesetz der Geschichte vollzieht: „Die ganze Umwälzung habe ich übrigens,
wie ich mich rühmen will, vorausgesagt." Durch Napoleon erfährt Hegel die Bestätigung seines Denkens
aus der objektiven Geschichte. Hegel erlebt den Kai-
ros, den glücklichen Augenblick, das Wirken des Weltgeistes spüren zu können. Der hat es nie eilig, im Gegenteil, „er hat Zeit genug, eben weil er selbst außer

der Zeit, weil er ewig ist", sagt Hegel. „Wir dürfen auch nicht ungeduldig werden", mahnt er: „in der Weltgeschichte gehen die Fortschritte langsam."

Hegel sieht Napoleon nicht nur mit dem kühlen Blick des Zeithistorikers. Er begreift ihn als Verkörperung der französischen Revolution, auf die er jedes Jahr am 14. Juli das Glas erhebt. Hegel liebt die Geschichte, doch was ihn begeistert, ist der Fortschritt. Stillstand ist Rückschritt, Veränderung Zukunft; „der Compositeur ist der Geist", und Napoleon sein Geschäftsführer.

Unsere neue Epoche

Es ist eine neue Epoche in der Welt entsprungen. Es scheint, dass es dem Weltgeiste jetzt gelungen ist, alles fremde gegenständliche Wesen sich abzutun und endlich sich als absoluten Geist zu erfassen und, was ihm gegenständlich wird, aus sich zu erzeugen und es, mit Ruhe dagegen, in seiner Gewalt zu behalten. ... Der Geist produziert sich als Natur, als Staat; jenes ist sein *bewusstloses* Tun, worin er sich ein Anderes, nicht als Geist ist; in den Taten und im Leben der Geschichte wie auch der Kunst bringt er sich auf *bewusste* Weise hervor, weiß von mancherlei Arten seiner Wirklichkeit, aber auch nur Arten derselben; aber nur in der Wissenschaft weiß er von sich als absolutem Geist, und dies Wissen allein, der Geist, ist seine wahrhafte Existenz.[GPh]

Was die Langsamkeit des Weltgeistes betrifft, so ist zu bedenken, dass er nicht pressiert ist, nicht zu eilen und

Zeit genug hat –, tausend Jahre sind vor Dir wie ein Tag'; er hat Zeit genug, eben weil er selbst außer der Zeit, weil er ewig ist. Die übernächtigen Ephemeren haben zu so vielen ihrer Zwecke nicht Zeit genug; wer stirbt nicht, ehe er mit seinen Zwecken fertig geworden? Er hat nicht nur Zeit genug, – es ist nicht Zeit allein, die auf die Erwerbung eines Begriffes zu verwenden ist, es kostet noch viel anderes. Dass er ebenso viele Menschengeschlechter und Generationen an diese Arbeiten seines Bewusstwerdens wendet, dass er einen ungeheuren Aufwand des Entstehens und Vergehens macht – darauf kommt es ihm auch nicht an. Er ist reich genug für solchen Aufwand, er treibt sein Werk im Großen, er hat Nationen und Individuen genug zu depensieren. Es ist ein trivialer Satz: Die Natur kommt auf dem kürzesten Weg zu ihrem Ziel. Dies ist richtig; aber der Weg des Geistes ist die Vermittlung, der Umweg. Zeit, Mühe, Aufwand – solche Bestimmungen aus dem endlichen Leben gehören nicht hierher. Wir dürfen auch nicht ungeduldig werden, dass die besonderen Einsichten nicht schon jetzt ausgeführt werden können, nicht dies oder jenes schon da ist; in der Weltgeschichte gehen die Fortschritte langsam.[GPh]

Die Philosophie regiert die Vorstellungen, und diese regieren die Welt. Durch das Bewusstsein greift der Geist in die Herrschaft der Welt ein. Dies ist sein unendliches Werkzeug, weiter hinaus Bajonette, Kanonen, Leiber. Aber ihr Panier und die Seele ihres Feldherrn ist der Geist. Nicht Bajonette, nicht das Geld, nicht einzelne Kniffe und Pfiffe sind das Herrschende. Dies muss auch sein, wie die Uhr Räder hat, aber ihre

Seele ist die Zeit und der die Materie ihrem Gesetz unterwerfende Geist. Eine Iliade wird nicht zusammengewürfelt, so auch nicht ein großes Werk aus Bajonetten und Kanonen, sondern der Compositeur ist der Geist.*JS*

Wir haben den Gott als Gott freier Menschen, aber zunächst noch in subjektiven, beschränkten Volksgeistern und in zufälliger Phantasiegestaltung gesehen; ferner den Schmerz der Welt nach der Zerdrückung der Volksgeister. Dieser *Schmerz* war die *Geburtsstätte für den Trieb des Geistes*, Gott als geistigen zu wissen in allgemeiner Form mit abgestreifter Endlichkeit. Dieses Bedürfnis ist durch den Fortgang der Geschichte, durch die Heraufbildung des Weltgeistes erzeugt worden. Dieser unmittelbare Trieb, diese Sehnsucht, die etwas Bestimmtes will und verlangt, gleichsam der Instinkt des Geistes, der darauf hingetrieben wird, hat eine solche Erscheinung, die Manifestation Gottes als des unendlichen Geistes in der Gestalt eines wirklichen Menschen gefordert.

,Als die Zeit erfüllet war, sandte Gott seinen Sohn', d.h. als der Geist sich so in sich vertieft hatte, seine Unendlichkeit zu wissen und *das Substantielle in der Subjektivität des unmittelbaren Selbstbewusstseins* zu fassen, aber in einer Subjektivität, die zugleich unendliche Negativität und eben damit absolut allgemein ist.*PRn*

Ehe ... der Geist nicht *an sich*, nicht als Weltgeist sich vollendet, kann er nicht als *selbstbewusster* Geist seine Vollendung erreichen. Der Inhalt der Religion spricht darum früher in der Zeit als die Wissenschaft es aus, was der *Geist ist*; aber diese ist allein sein wahres Wissen von ihm selbst.[PdG]

Es hat sich ... erst aus der Betrachtung der Weltgeschichte selbst zu ergeben, dass es vernünftig in ihr zugegangen sei, dass sie der vernünftige, notwendige Gang des Weltgeistes gewesen, des Geistes, dessen Natur zwar immer eine und dieselbe ist, der aber in dem Weltdasein diese seine eine Natur expliziert. Dies muss, wie gesagt, das Ergebnis der Geschichte sein. Die Geschichte aber haben wir zu nehmen, wie sie ist; wir haben historisch, empirisch zu verfahren. Unter anderem müssen wir uns nicht durch die Historiker vom Fach verführen lassen, denn diese, namentlich deutsche, welche eine große Autorität besitzen, machen das, was sie den Philosophen vorwerfen, nämlich apriorische Erdichtungen in der Geschichte.[PhG]

Die Weltgeschichte ist die Darstellung des göttlichen, absoluten Prozesses des Geistes in seinen höchsten Gestalten, dieses Stufenganges, wodurch er seine Wahrheit, das Selbstbewusstsein über sich erlangt. Die Gestaltungen dieser Stufen sind die welthistorischen Volksgeister, die Bestimmtheit ihres sittlichen Lebens, ihrer Verfassung, ihrer Kunst, Religion und Wissenschaft. Diese Stufen zu realisieren, ist der unendliche Trieb des Weltgeistes, sein unwiderstehlicher Drang, denn diese Gliederung sowie ihre Verwirklichung ist sein Begriff. – Die Weltgeschichte zeigt nur, wie der Geist allmählich zum Bewusstsein und zum Wollen der Wahrheit kommt; es dämmert in ihm, er findet Hauptpunkte, am Ende gelangt er zum vollen Bewusstsein.[PhG]

In Griechenland und Italien ist lange das Theater der Weltgeschichte gewesen, und als die Mitte und der Norden von Europa unkultiviert waren, hat hier der Weltgeist seine Heimat gefunden.*PhG*

Dies sind die großen Menschen in der Geschichte, deren eigene partikuläre Zwecke das Substantielle enthalten, welches Wille des Weltgeistes ist. Sie sind insofern *Heroen* zu nennen, als sie ihre Zwecke und ihren Beruf nicht bloß aus dem ruhigen, geordneten, durch das bestehende System geheiligten Lauf der Dinge geschöpft haben, sondern aus einer Quelle, deren Inhalt verborgen und nicht zu einem gegenwärtigen Dasein gediehen ist, aus dem innern Geiste, der noch unterirdisch ist, der an die Außenwelt wie an die Schale pocht und sie sprengt, weil er ein anderer Kern als der Kern dieser Schale ist, – die also aus sich zu schöpfen scheinen und deren Taten einen Zustand und Weltverhältnisse hervorgebracht haben, welche nur *ihre* Sache und *ihr* Werk zu sein scheinen.

Solche Individuen hatten in diesen ihren Zwecken nicht das Bewusstsein der Idee überhaupt, sondern sie waren praktische und politische Menschen. Aber zugleich waren sie denkende, die die Einsicht hatten von dem, was not und was *an der Zeit ist*. Das ist eben die Wahrheit ihrer Zeit und ihrer Welt, sozusagen die nächste Gattung, die im Innern bereits vorhanden war. Ihre Sache war es, dies Allgemeine, die notwendige, nächste Stufe ihrer Welt zu wissen, diese sich zum Zwecke zu machen und ihre Energie in dieselbe zu legen. Die welthistorischen Menschen, die Heroen einer Zeit, sind darum als die Einsichtigen anzuerkennen;

ihre Handlungen, ihre Reden sind das Beste der Zeit. Große Menschen haben gewollt, um sich, nicht um andere zu befriedigen. Was sie von anderen erfahren hätten an wohlgemeinten Absichten und Ratschlägen, das wäre vielmehr das Borniertere und Schiefere gewesen, denn sie sind die, die es am besten verstanden haben und von denen es dann vielmehr alle gelernt und gut gefunden oder sich wenigstens darein gefügt haben.[PhG]

Alexander, Cäsar, Napoleon

Werfen wir weiter einen Blick auf das Schicksal dieser welthistorischen Individuen, welche den Beruf hatten, die Geschäftsführer des Weltgeistes zu sein, so ist es kein glückliches gewesen. Zum ruhigen Genusse kamen sie nicht, ihr ganzes Leben war Arbeit und Mühe, ihre ganze Natur war nur ihre Leidenschaft. Ist der Zweck erreicht, so fallen sie, die leeren Hülsen des Kernes, ab. Sie sterben früh wie Alexander, sie werden wie Cäsar ermordet, wie Napoleon nach St. Helena transportiert. Diesen schauderhaften Trost, dass die geschichtlichen Menschen nicht das gewesen sind, was man glücklich nennt und dessen das Privatleben, das unter sehr verschiedenen, äußerlichen Umständen stattfinden kann, nur fähig ist – diesen Trost können die sich aus der Geschichte nehmen, die dessen bedürftig sind. Bedürftig aber desselben ist der Neid, den das Große, Emporragende verdrießt, der sich bestrebt, es klein zu machen und einen Schaden an ihm zu finden. So ist es auch in neueren Zeiten zur Genüge demonstriert worden, dass die Fürsten überhaupt auf ihrem

Throne nicht glücklich seien, daher man denselben ihnen dann gönnt und es erträglich findet, dass man nicht selbst, sondern sie auf dem Throne sitzen. Der freie Mensch ist nicht neidisch, sondern anerkennt das gern, was groß und erhaben ist, und freut sich, dass es ist.*PhG*

Napoleon richtete (die Regierungsgewalt) als Militärgewalt auf und stellte sich dann wieder als ein individueller Wille an die Spitze des Staates; er wusste zu herrschen und wurde im Innern bald fertig. Was von Advokaten, Ideologen und Prinzipienmännern noch da war, jagte er auseinander, und es herrschte nun nicht mehr Misstrauen, sondern Respekt und Furcht. Mit der ungeheuren Macht seines Charakters hat er sich dann nach außen gewendet, ganz Europa unterworfen und seine liberalen Einrichtungen überall verbreitet. Keine größeren Siege sind je gesiegt, keine genievolleren Züge je ausgeführt worden; aber auch nie ist die Ohnmacht des Sieges in einem helleren Lichte erschienen als damals.*PhG*

Das Alte ist gleichsam zeitlos geworden und in die unbestimmtere allgemeine Vorstellung zurückgetreten, so dass es bei dieser Loslösung von seiner partikulären Wirklichkeit auch in seiner Bekleidung einer idealen Darstellung fähig wird. Mehr noch gilt dies für Individuen, welche, durch ihre Selbständigkeit und innere Fülle der bloßen Beschränktheit eines besonderen Berufs und der Wirksamkeit nur in einer bestimmten Zeit entzogen, für sich selbst eine freie Totalität, eine Welt von Verhältnissen und Tätigkeiten ausmachen und deshalb auch in Ansehung der Bekleidung über die Familiarität des Alltäglichen in ihrer gewöhnlichen zeitlichen Äußerlichkeit hinweggehoben erscheinen müssen. Schon bei den Griechen finden sich Statuen des Achill und Alexander, bei denen die individuelleren Porträtzüge so fein sind, dass man in diesen Gestalten eher Götterjünglinge als Menschen zu erkennen glaubt. Bei dem genialen großherzigen Jüngling Alexander ist dies vollständig am Platz. In ähnlicher Weise steht nun aber auch Napoleon z. B. so hoch und ist ein so umfassender Geist, dass nichts hindert, ihn in idealer Kleidung hinzustellen, die selbst bei Friedrich dem Großen nicht unpassend sein würde, wenn es sich darum handelte, ihn in seiner ganzen Größe zu feiern. Zwar kommt auch hier wesentlich der Maßstab der Statuen in Betracht. Bei kleinen Figürchen, die etwas Familiäres haben, stören Napoleons dreieckiger kleiner Hut, die bekannte Uniform, die übereinandergeschlagenen Arme keineswegs, und wollen wir den großen Friedrich als ‚den ollen Fritz‘ vor uns sehen, so kann man ihn mit Hut und Stock wie auf Tabaksdosen vorstellen.^{Ä}

Ein großer Mann verdammt die Menschen dazu, ihn zu explizieren.^{BS}

Es sind große Menschen, eben weil sie ein Großes, und zwar nicht ein Eingebildetes, Vermeintes, sondern ein Richtiges und Notwendiges gewollt und vollbracht haben. Diese Betrachtungsweise schließt auch die sogenannte psychologische Betrachtung aus, welche, dem Neide am besten dienend, alle Handlungen ins Herz hinein so zu erklären und in die subjektive Gestalt zu bringen weiß, dass ihre Urheber alles aus irgendeiner kleinen oder großen Leidenschaft, aus einer *Sucht* getan haben und, um dieser Leidenschaft und Suchten willen, keine moralischen Menschen gewesen seien. Alexander von Makedonien hat zum Teil Griechenland, dann Asien erobert, *also* ist er eroberungssüchtig gewesen. Er hat aus Ruhmsucht, Eroberungssucht gehandelt, und der Beweis, dass sie ihn getrieben haben, ist, dass er solches, das Ruhm brachte, getan habe. Welcher Schulmeister hat nicht von Alexander dem Großen, von Julius Cäsar vordemonstriert, dass diese Menschen von solchen Leidenschaften getrieben und daher unmoralische Menschen gewesen seien? woraus sogleich folgt, dass er, der Schulmeister, ein vortrefflicherer Mensch sei als jene, weil er solche Leidenschaften nicht besitze und den Beweis dadurch gebe, dass er Asien nicht erobere, den Darius, Poros nicht besiege, sondern freilich wohl lebe, aber auch leben lasse. – Diese Psychologen hängen sich dann vornehmlich auch an die Betrachtung von den Partikularitäten der großen, historischen Figuren, welche ihnen als Privatpersonen zukommen. Der Mensch muss essen und trinken, steht in Beziehung zu Freunden und Bekannten, hat Empfindungen und Aufwallungen des Augenblicks. Für einen Kammerdiener gibt es keinen Helden, ist ein bekanntes Sprichwort; ich habe hinzugesetzt – und Goethe hat es zehn Jahre später wiederholt –, nicht aber darum, weil dieser kein Held, sondern weil jener der Kammerdiener ist. Dieser zieht dem Helden die Stiefel aus, hilft ihm zu Bette, weiß, dass er lieber Champagner trinkt usf. – Die geschichtlichen Personen, von solchen psychologischen Kammerdienern in der Geschichtsschreibung bedient, kommen schlecht weg; sie werden von diesen ihren Kammerdienern nivelliert, auf gleiche Linie oder vielmehr ein paar Stufen unter die Moralität solcher feinen Menschenkenner gestellt.[PhG]

Brief an Niethammer

Jena. Montags, den 13 Octbr 1806,

am Tage, da Jena von den Franzosen besetzt wurde, und der Kaiser Napoleon in seinen Mauern eintraf.

… Gestern abend gegen Sonnenuntergang sah ich die Schüsse der französischen Patrouillen zugleich von Gempenbachtal und von Winzerla her; die Preußen wurden aus dem letzteren in der Nacht vertrieben, das Schießen dauerte bis nach 12 Uhr, und heute zwischen 8 und 9 Uhr drangen die französischen Tirailleurs und eine Stunde nachher die regulären Truppen ein; diese Stunde war eine Stunde der Angst, besonders durch die Unbekanntschaft der Menschen mit dem Recht, das jeder nach dem Willen des französischen Kaisers selbst gegen diese leichten Truppen hat, ihren Forderungen nicht Folge zu leisten, sondern mit Ruhe ihnen das Nötige zu geben; es sind durch ungeschicktes Verhalten und unterlassene Vorsicht manche in Verlegenheit gesetzt worden, Ihre Frau Schwägerin ist jedoch, sowie auch das Döderleinsche Haus, mit der Angst davon gekommen und unverletzt geblieben; … den Kaiser – diese Weltseele – sah ich durch die Stadt zum Rekognoszieren hinausreiten; – es ist in der Tat eine wunderbare Empfindung, ein solches Individuum zu sehen, das hier auf einen Punkt konzentriert, auf einem Pferde sitzend, über die Welt übergreift und sie beherrscht. Den Preußen ... war freilich kein besserers Prognistikon zu stellen, – aber von Donnerstag bis Montag' sind solche Fortschritte nur diesem außerordentlichen Manne möglich, den es nicht möglich ist, nicht zu bewundern.[B]

Brief an Niethammer

Bamberg, 20. Aug 1808

Das französische Lager bei Berlin ist aufgebrochen, und M(arschall) V(ictor) geht nach Dresden. Wenn Napoleon einmal hat marschieren lassen, so will er es nicht umsonst getan haben. ... Ich sehe meiner Erlösung vom Zeitungsjoche, das mir durch den Anblick Ihres Wirkens noch drückender geworden ist, mit Sehnsucht und mit ebensoviel Vertrauen entgegen.[B]

Brief an Niethammer

Nürnberg 29. Apr. 1814

Es sind große Dinge um uns geschehen. Es ist ein ungeheueres Schauspiel, ein enormes Genie sich selbst zerstören zu sehen. – Das ist das *tragikotaton* das es gibt. Die ganze Masse des Mittelmäßigen mit seiner absoluten bleiernen Schwerkraft drückt ohne Rast und Versöhnung so lang bleiern fort, bis es das Höhere herunter, auf gleichem Niveau oder unter sich hat. Der Wendepunkt des Ganzen, der Grund, dass diese Masse Gewalt hat und als der Chor übrig und obenauf bleibt, ist, dass die große Individualität selbst das Recht dazu geben muss und somit sich selbst zugrunde richtet.

Die ganze Umwälzung habe ich übrigens wie ich mich rühmen will, vorausgesagt. In meinem Werke (in der Nacht vor der Schlacht von Jena vollendet) sage ich p. 547: „Die absolute Freiheit (sie ist vorher geschildert es ist (die) rein abstrakte, formelle der französischen Republik, aus der Aufklärung, wie ich zeigte, hervorgegangen) geht aus ihrer sich selbst zerstörenden Wirklichkeit in ein *anderes Land* (ich hatte dabei ein *Land* im Sinne) des selbstbewussten Geistes über, worin sie in dieser Unwirklichkeit als das Wahre gilt, an dessen Gedanken sie sich labt, insofern *er Gedanke ist und bleibt* und dieses in das Selbstbewusstsein eingeschlossene Sein als das vollkommene und vollständige Wesen weiß. Es ist die neue Gestalt *des moralischen* Geistes vorhanden."

Von den Segensströmen, die jenen großen Begebenheiten wie die Regenschauer dem Blitze folgen müssen, fließt für unsereins denn doch bereits das braune Bächlein des Kaffees schmackhafter und geistreicher aus der Kanne, da wir des Surrogatsaufens enthoben und aus dem Referatsbezug doch nun einen ordentlichen Java anschaffen können, den uns Gott und gute Freunde noch länger erhalten wollen ...[B]

Brief an Niethammer

Nürnberg den 5. Juli 1816.

Die ungeheuerste Reaktion, die wir gesehen, gegen Bonaparte, hat sie denn im Wesen, im Guten und im Bösen, so gar viel geändert, wenn wir vornehmlich das Getue und die Brosamenerfolge der persönlichen Ameisen, Flöhe und Wanzen übersehen? Und diese ameisen-, flöh- und wanzenhaften Persönlichkeiten dürfen wir einmal nicht anders an uns kommen lassen, als wozu sie der gütige Schöpfer bestimmt hat, nämlich sie zu Späßen, Sarkasmen und zur Schadenfreude zu verwenden, Was wir bei dieser gütigen Absicht tun können, ist, ihnen selbst im Notfalle zu ihrer Perfektion zu verhelfen.[B]

Das Recht des Weltgeistes geht über alle besonderen Berechtigungen.[PhG]

Brief an Niethammer

Nürnberg den 5. Juli 1816.

Ich halte mich daran, dass der Weltgeist der Zeit das Kommandowort zu avancieren gegeben. Solchem Kommando wird pariert; dies Wesen schreitet wie eine gepanzerte, festgeschlossene Phalanx unwiderstehlich und mit so unmerklicher Bewegung, als die Sonne schreitet, vorwärts durch dick und dünne. Unzählbare leichte Truppen gegen und für dasselbe flankieren drum herum, die meisten wissen gar von nichts, um was (es) sich handelt, und kriegen nur Stöße durch den Kopf wie von einer unsichtbaren Hand. Alles verweilerische Geflunkere und weisemacherische Luftstreicherei hilft nichts dagegen. Es kann diesem Kolossen etwa bis an die Schuhriemen reichen und ein bisschen Schuhwichse oder Kot daran schmieren, aber vermag dieselben nicht zu lösen, viel weniger die Götterschuhe mit den ... elastischen Schwungsohlen oder gar die Siebenmeilenstiefel, wenn er diese anlegt, auszuziehen. Die sicherste (nämlich innerlich und äußerlich) Partie ist wohl, den Avanceriesen fest im Auge zu

behalten; so kann man sogar hinstehen und zur Erbauung gesamter vielgeschäftigter und eifriger Kum-
panschaft selbst Schuhpech, das den Riesen festhalten
soll, mit anschmieren helfen und zur eigenen Gemüts-
ergötzlichkeit dem ernsthaften Getreibe Vorschub leisten.[B]

Wahrheit und Trost des Schönen

Die mächtige Kunst –
Zur Komik

Mit welchen Hoffnungen, welcher Begeisterung, welcher Wärme Hegels Zeitgenossen das Kunstschaffen ihrer Epoche betrachteten, lässt sich heute kaum noch nachempfinden. Besonders nach den Karlsbader Beschlüssen von 1819 und der durch sie eingeleiteten „Demagogenverfolgung" wächst die Bedeutung der Kunst. Man zieht sich zurück ins Private und Unpolitische.

Hegel selber hat ein zwiespältiges Verhältnis zur Kunst seiner Zeit: Gerne ist er mit der Schauspielerin und Sängerin Henriette Sontag unterwegs und lädt sie zu sich nach Hause ein, Kleist liegt ihm weniger, und auch wenn er seinen umnachteten Jugendfreund Hölderlin unterstützt, betont er doch die Distanz zu allen ästhetischen Versuchen, an die Tiefe der Antike anzuschließen. Denn deren Zeiten sind vorbei; darin liegt die Tragik der Gegenwart. Es ist eher die Macht des Geistes, mit anderen Worten: Es ist die Philosophie, die heute den erkenntnistheoretischen Platz der griechischen Tragik einnimmt. Nicht die Dichter, sondern die wissenschaftlichen Philosophen vermögen gültig über die Welt urteilen.

Und doch ist Hegel offen für die Angebote der Ästhetik. Er will sehen, was wichtig ist, er pflegt seine Freundschaft zu Goethe. Und er glaubt an die tröstende Macht von Kunst und Literatur. „Das *Schöne* bestimmt sich ... als das sinnliche *Scheinen* der Idee."

Und es kann helfen, uns aus der Befangenheit durch Leidenschaften, Schmerz und Emotionen zu lösen. Für ähnlich mildernd hält Hegel auch die Komik: Sie hilft uns, mit „freier Heiterkeit aus diesem Untergange" zu entkommen.

Dass Hegel selber nicht allzu sehr mit solcher Heiterkeit gesegnet ist, weiß zu seinen Lebzeiten jeder. Damit es nicht auffällt, verlegt sich der Meisterdenker aufs Biedermeierlich-Gemütvolle. Wein, Tabak und Kartenspiel schützen auch vor manchen Unbilden. Woraus Eckhard Henscheid später den Stoff für seine launigen Hegel-Anekdoten schöpfen wird.

Die mächtige Kunst

Brief an Schelling

Bern, am heiligen Abend vor Weihnachten (1794)

Mein Lieber!

… ich glaube, die Zeit ist gekommen, da man überhaupt freier mit der Sprache heraus sollte, zum Teil auch schon tut und darf. Nur meine Entfernung von den Schauplätzen literarischer Tätigkeit setzt mich außer Stand, von einer Sache, die mich so sehr interessiert, hie und da Nachrichten zu erhalten, – und Du würdest mich sehr verbinden, wenn Du mir teils davon, teils von Deinen Arbeiten von Zeit zu Zeit Nachricht geben wolltest.[B]

Die gemalten Weintrauben des Zeuxis sind von alters her für den Triumph der Kunst und zugleich für den Triumph des Prinzips von der Nachahmung der Natur ausgegeben worden, weil lebende Tauben dieselben sollen angepickt haben. Zu diesem alten Beispiele könnte man das neuere von Büttners Affen hinzufügen, der einen gemalten Maikäfer aus Rösels *Insektenbelustigungen* zernagte und von seinem Herrn, dem er doch auf diese Weise das schönste Exemplar des kostbaren Werkes verdarb, zugleich um dieses Beweises von der Trefflichkeit der Abbildungen willen Verzeihung erhielt. Aber bei solchen und anderen Beispielen muss uns wenigstens sogleich beifallen, dass, statt Kunstwerke zu loben, weil sie *sogar* Tauben und Affen getäuscht, gerade nur die zu tadeln sind, welche das Kunstwerk zu erheben gedenken, wenn sie nur eine so niedrige Wirkung von demselben als das Letzte und Höchste zu prädizieren wissen. Im ganzen ist aber überhaupt zu sagen, dass bei bloßer Nachahmung die Kunst im Wettstreit mit der Natur nicht wird bestehen können und das Ansehen eines Wurms erhält, der es unternimmt, einem Elefanten nachzukriechen.[Ä]

Was eine Mauer mit großem Aufwande zustande bringt, dasselbe tun wenige Säulen, und es ist eine große Schönheit der klassischen Architektur, nicht mehr Säulen hinzustellen, als in der Tat zum Tragen einer Balkenlast und dessen, was auf ihr ruht, nötig sind. Säulen zum bloßen Schmuck gehören in der eigentlichen Architektur nicht zur wahren Schönheit. Deshalb erfüllt auch die Säule, wo sie rein für sich selber dasteht, ihren Beruf nicht.[Ä]

Sagten wir nun, die Schönheit sei Idee, so ist *Schönheit* und *Wahrheit* einerseits *dasselbe*. Das Schöne nämlich muss wahr an sich selbst sein. Näher aber *unterschei-det* sich ebensosehr das Wahre von dem Schönen. *Wahr* nämlich ist die Idee, wie sie als Idee ihrem An-sich und allgemeinen Prinzip nach ist und als solches gedacht wird. Dann ist nicht ihre sinnliche und äußere Existenz, sondern in dieser nur die *allgemeine Idee* für das Denken. Doch die Idee soll sich auch äußerlich realisieren und bestimmte vorhandene Existenz als na-türliche und geistige Objektivität gewinnen. Das Wah-re, das als solches ist, existiert auch. Indem es nun in diesem seinem äußerlichen Dasein unmittelbar für das Bewusstsein ist und der Begriff unmittelbar in Einheit bleibt mit seiner äußeren Erscheinung, ist die Idee nicht nur wahr, sondern *schön*. Das *Schöne* bestimmt sich dadurch als das sinnliche *Scheinen* der Idee.[Ä]

Und wenn sich die Kunst auch nur darauf beschränkt, der Anschauung Gemälde der Leidenschaften hinzu-stellen, ja wenn sie sogar denselben schmeicheln soll-te, so liegt auch hierin bereits eine Kraft der Milde-rung, indem wenigstens dadurch dem Menschen, was er sonst nur unmittelbar *ist*, zum Bewusstsein ge-bracht wird. Denn nun *betrachtet* der Mensch seine Triebe und Neigungen, und während sie ihn sonst reflexionslos fortrissen, sieht er sie jetzt außerhalb seiner und beginnt bereits, da sie ihm als Objektives gegenüberstehen, in Freiheit gegen sie zu kommen. Deswegen kann es beim Künstler häufig der Fall sein, dass er, von Schmerz befallen, die Intensität seiner eigenen Empfindung durch ihre Darstellung für sich selber mildert und abschwächt. Ja selbst in den Trä-nen schon liegt ein Trost; der Mensch, zunächst in

Schmerz ganz versunken und konzentriert, vermag dann wenigstens dies nur Innerliche in unmittelbarer Weise zu äußern. Noch erleichternder aber ist das Aussprechen des Innern in Worten, Bildern, Tönen und Gestalten. Deshalb war es eine gute alte Sitte, bei Todesfällen und Bestattungen Klageweiber anzustellen, um den Schmerz zur Anschauung in seiner Äußerung zu bringen. Auch durch Beileidsbezeugungen wird dem Menschen der Inhalt seines Unglücks vorgehalten, er muss bei dem vielen Besprechen desselben darüber reflektieren und wird dadurch erleichtert. Und so ist sich auszuweinen, sich auszusprechen von jeher als Mittel betrachtet, sich von der erdrückenden Last des Kummers zu befreien oder doch wenigstens das Herz zu erleichtern. Die Milderung der Gewalt der Leidenschaften findet daher ihren allgemeinen Grund darin, dass der Mensch aus dem unmittelbaren Befangensein in einer Empfindung losgelöst und derselben als eines ihm Äußeren bewusst wird, zu dem er sich nun auf ideelle Weise verhalten muss.[Ä]

Die bloße Trauer ist jedoch leer und wird besonders dann eine nur schreckliche, äußerliche Notwendigkeit, wenn wir in sich selbst edle, schöne Gemüter in solchem Kampfe an dem Unglück bloß äußerer Zufälle untergehen sehen. Ein solcher Fortgang kann uns hart angreifen, doch erscheint er nur als grässlich, und es drängt sich unmittelbar die Forderung auf, dass die äußeren Zufälle mit dem übereinstimmen müssen, was die eigentliche innere Natur jener schönen Charaktere ausmacht. Nur in dieser Rücksicht können wir uns z. B. in dem Untergange Hamlets und Julias versöhnt fühlen. Äußerlich genommen, erscheint der Tod Hamlets zufällig durch den Kampf mit Laertes und die Verwechslung der Degen herbeigeleitet. Doch im Hintergrunde von Hamlets Gemüt liegt von Anfang an der Tod. Die Sandbank der Endlichkeit genügt ihm nicht; bei solcher Trauer und Weichheit, bei diesem Gram, diesem Ekel an allen Zuständen des Lebens fühlen wir von Hause aus, er sei in dieser greuelhaften Umgebung ein verlorener Mann, den der innere Überdruss fast schon verzehrt hat, ehe noch der Tod von außen an ihn herantritt.[Ä]

Das Fatum ist das Begrifflose, wo Gerechtigkeit und Ungerechtigkeit in der Abstraktion verschwinden; in der Tragödie dagegen ist das Schicksal innerhalb eines Kreises *sittlicher Gerechtigkeit*. Am erhabensten finden wir das in den Sophokleischen Tragödien. Es wird daselbst vom Schicksal und von der Notwendigkeit gesprochen; das Schicksal der Individuen ist als etwas Unbegreifliches dargestellt, aber die Notwendigkeit ist nicht eine blinde, sondern sie ist erkannt als die wahrhafte Gerechtigkeit. Dadurch eben sind jene Tragödien die unsterblichen Geisteswerke des sittlichen Verstehens und Begreifens, die ewigen Muster des sittlichen Begriffs. Das blinde Schicksal ist etwas Unbefriedigendes. In diesen Tragödien wird die Gerechtigkeit begriffen. Auf eine plastische Weise wird die Kollision der beiden höchsten sittlichen Mächte gegeneinander dargestellt in dem absoluten Exempel der Tragödie, *Antigone*; da kommt die Familienliebe, das Heilige, Innere, der Empfindung Angehörige, weshalb es auch das Gesetz der unteren Götter heißt, mit dem Recht des Staats in Kollision. Kreon ist nicht ein Tyrann, sondern ebenso eine sittliche Macht. Kreon hat nicht Unrecht; er behauptet, dass das Gesetz des Staats, die Autorität der Regierung geachtet werde(n muss) und Strafe aus der Verletzung folgt. Jede dieser beiden Seiten verwirklicht nur die eine der sittlichen Mächte, hat nur die eine derselben zum Inhalt. Das ist die Einseitigkeit, und der Sinn der ewigen Gerechtigkeit ist, dass beide Unrecht erlangen, weil sie einseitig sind, aber damit auch beide Recht. Beide werden als geltend anerkannt im ungetrübten Gang der Sittlichkeit; hier haben sie beide ihr Gelten, aber ihr *ausgeglichenes Gelten*. Es ist nur die Einseitigkeit, gegen die die Gerechtigkeit auftritt.[PhR]

Vor allem gehört hierher die *Idylle* in dem modernen Sinne des Worts, in welchem sie von allen tieferen allgemeinen Interessen des geistigen und sittlichen Lebens absieht und den Menschen in seiner Unschuld darstellt. Unschuldig leben heißt hier aber nur: von nichts wissen als von Essen und Trinken, und zwar von sehr einfachen Speisen und Getränken, zum Exempel von Ziegenmilch, Schafmilch und zur Not höchstens von Kuhmilch, von Kräutern, Wurzeln, Eicheln, Obst, Käse aus Milch – Brot, glaube ich, ist schon nicht mehr recht idyllisch –, doch muss Fleisch schon eher erlaubt sein, denn ganz werden die idyllischen Schäfer und Schäferinnen ihr Vieh doch nicht den Göttern haben opfern wollen. Ihre Beschäftigung nun besteht darin, diesem lieben Vieh mit dem treuen Hunde den ganzen lieben Tag lang aufzupassen, für Speise und Trank zu sorgen und nebenher mit so vieler Sentimentalität als möglich solche Empfindungen zu hegen und zu pflegen, welche diesen Zustand der Ruhe und Zufriedenheit nicht stören, d. h. in ihrer Art fromm und zahm zu sein, auf der Schalmei, der Rohrpfeife usf. zu blasen oder sich etwas vorzusingen und vornehmlich einander in größter Zartheit und Unschuld liebzuhaben. – Die Griechen dagegen hatten in ihren plastischen Darstellungen eine lustigere Welt: das Gefolge des Bacchus, Satyrn, Faune, welche, harmlos um einen Gott bemüht, die tierische Natur in einer ganz anderen Lebendigkeit und Wahrheit zu menschlichem Frohsinn steigern als jene prätentiöse Unschuld, Frömmigkeit und Leerheit.[Ä]

Zur Komik

Was die Erscheinung des Aristophanes betrifft, so ist die Aristophanische Komödie für sich ein wesentliches Ingrediens im athenischen Volke, – Aristophanes eine ebenso notwendige Figur, als es der erhabene Perikles, der leichtsinnige Alkibiades, der göttliche Sophokles und der moralische Sokrates gewesen; Aristophanes gehört ebensosehr in den Kreis dieser Sterne. Im tiefsten Ernste sehen wir einen Patrioten vor uns, der, obgleich Todesstrafe darauf gesetzt war, doch in einem seiner Stücke sich nicht scheute, den Frieden anzuraten. In ihm, der den tiefsten und verständigsten Patriotismus hatte, stellt sich der selige, seiner selbst gewisse Genuss eines Volkes dar, das sich selbst preisgibt. Es gehört zum Komischen eine Sicherheit seiner selbst, die – indem sie sich auf etwas verlässt, an etwas festhält, mit allem Ernst dies betreibt, während ihr immer das Gegenteil dessen wird, was sie ausrichtet – darüber gar in keinen Zweifel gerät, zu keiner Reflexion über sich kommt, sondern vollkommen ihrer und ihrer Sache gewiss bleibt. Diese Seite des freien athenischen Geistes, diesen vollkommenen Genuss seiner selbst im Verluste, diese ungetrübte Gewissheit seiner selbst bei aller unmittelbaren Fehlschlagung des Erfolgs und der Realität – das höchst Komische – genießen wir im Aristophanes.*GPh*

„Eine Tabakspfeife ins Gesicht oder in die Physiognomie stecken." Ist dies nicht Poesie? Das ganz Individuelle, worauf die Pfeife geht und worin sie erscheint, wird hier ganz objektiv als nichts Subjektives gesetzt, das noch etwas hinter sich hätte, wie eine Zeichnung auf einer Wand, – und ebenso die Hand, die Pfeife damit zu verbinden. Ich habe jenen Ausdruck von ganz prosaischen Kaufleuten gehört.*JS*

Jener Dichter (Aristophanes), der ihn (Sokrates) auf das Lächerlichste und Bitterste dem Hohne preisgab, ist kein gewöhnlicher Possenreißer, Lustigmacher, seichter Spaßvogel gewesen, der das Heiligste und Vortrefflichste verspotte und dem Witze seines Spottes alles preisgebe und aufopfere, um die Athenienser lachen zu machen. Allein alles hat viel tieferen Grund; bei seinen Späßen liegt tiefer Ernst zugrunde. Bloß spotten wollte er nicht; Ehrwürdiges bespotten, ist kahl und platt. Ein elender Witz ist der, welcher nicht substantiell ist, nicht auf Widersprüchen beruht, die in der Sache selbst liegen; Aristophanes ist kein schlechter Witzling gewesen. Es ist nicht möglich, an etwas Spott äußerlich anzuhängen, das nicht den Spott seiner selbst, die Ironie über sich, an sich selbst hat. Das Komische ist: Mensch, Sache aufzuzeigen, wie es sich in sich selbst auflöst in seinem Aufspreizen. Ist die Sache nicht in ihr selbst ihr Widerspruch, so ist das Komische oberflächlich, grundlos.[GPh]

Was näher die Art des Inhalts angeht, welcher den Gegenstand der komischen Handlung abgeben kann, so will ich hierüber im allgemeinen nur folgende Punkte berühren.

Auf der einen Seite *erstens* sind die Zwecke und Charaktere an und für sich substanzlos und widersprechend und dadurch unfähig, sich durchzusetzen. Der Geiz z.B., sowohl in Rücksicht auf das, was er bezweckt, als auch in betreff der kleinlichen Mittel, deren er sich bedient, erscheint von Hause aus als in sich selbst nichtig. Denn er nimmt die tote Abstraktion des Reichtums, das Geld als solches, als die letzte Realität, bei der er stehenbleibt, und sucht diesen kahlen Genuss durch die Entbehrung jeder anderen, konkreten Befriedigung zu erreichen, während er dennoch in dieser Ohnmacht seines Zwecks wie seiner Mittel gegen List, Betrug usf. nicht zum Ziel kommen kann. Wenn nun aber das Individuum seine Subjektivität mit solchem in sich selbst falschen Inhalte *ernsthaft* als dem ganzen Gehalt seiner Existenz zusammenschließt, so dass es, wird ihm derselbe unter den Füßen fortgezogen, je mehr es daran festhielt, um desto unglücklicher in sich zusammenfällt, so fehlt in solcher Darstellung der eigentliche Kern der Komik, wie überall, wo einerseits die Peinlichkeit der Verhältnisse, andererseits der bloße Spott und die Schadenfreude noch Raum behalten. Komischer daher ist es, wenn an sich kleine und nichtige Zwecke zwar mit dem Anschein von großem Ernst und umfassenden Anstalten zustande gebracht werden sollen, dem Subjekt aber, wenn es sein Vorhaben verfehlt, eben weil es etwas in sich Geringfügiges wollte, in der Tat nichts zugrunde geht, so dass es sich in freier Heiterkeit aus diesem Untergange erheben kann.[Ä]

Bei dieser Gelegenheit können wir denn auch wieder der Ironie gedenken, welche sich hauptsächlich dann als die höchste Originalität auszugeben liebt, wenn es ihr mit keinem Inhalt mehr Ernst ist und sie ihr Geschäft des Spaßes nur des Spaßes wegen treibt. Nach einer anderen Seite hin bringt sie in ihren Darstellungen eine Menge Äußerlichkeiten zusammen, deren innersten Sinn der Dichter für sich behält, wo denn die List und das Große darin bestehen soll, dass die Vorstellung verbreitet wird, gerade in diesen Zusammentragungen und Äußerlichkeiten sei die Poesie der Poesie und alles Tiefste und Vortrefflichste verborgen, das sich nur eben seiner Tiefe wegen nicht aussprechen lasse. So wurde z. B. in Friedrich von Schlegels Gedichten zur Zeit, als er sich einbildete, ein Dichter zu sein, dies Nichtgesagte als das Beste ausgegeben; doch diese Poesie der Poesie ergab sich gerade als die platteste Prosa.[Ä]

Als Einzelner unter Anderen

Im Laufe des Lebens – Kind und Kindheit –
Sprechen, Schreien, Schlafen

Die Idee, Hegel sei auch Anthropologe, will so gar nicht passen zu der stringenten Systematik seines Denkens. Es finden sich aber, verstreut über Jahre und Bücher, über Vorlesungen, Notizen und Aphorismen, immer wieder Ansätze zu einem anthropologisch inspirierten Denken. Offenbar sucht er nach Klarheit über sein Dasein. Wie lebt man im Alltag, was macht eine Biographie aus, wie steht es wirklich mit der menschlichen Freiheit? Was er über den normalen bürgerlichen Lebensweg schreibt, klingt nach radikaler Ernüchterung. Von Glück ist keine Rede: „Mag einer auch noch soviel sich mit der Welt herumgezankt haben, umhergeschoben worden sein, zuletzt bekommt er meistens doch sein Mädchen und irgendeine Stellung, heiratet und wird ein Philister so gut wie die anderen auch; die Frau steht der Haushaltung vor, Kinder bleiben nicht aus, das angebetete Weib, das erst die Einzige, ein Engel war, nimmt sich ungefähr ebenso aus wie alle anderen, das Amt gibt Arbeit und Verdrießlichkeiten, die Ehe Hauskreuz, und so ist der ganze Katzenjammer der übrigen da."

Doch es kann schlimmer kommen, weiß Hegel. Zu seinen dunkleren Seiten gehört ohne Zweifel die Geschichte seines unehelichen Kindes. Mutter des „natürlichen Sohnes" Ludwig ist Hegels Jenaer Zimmerwirtin. Sie und diverse andere Personen ziehen den Sohn auf, Goethe persönlich schreibt dem Jungen vier hoffnungsfrohe Zeilen in sein Stammbuch: „Als kleinen Knaben hab ich dich gesehn / Mit höchstem Selbstvertrauen der Welt entgegen gehen; / Und wie sie dir im Künftigen begegnet, / So sei getrost, von Freundes Blick gesegnet." Für eine glückliche Zukunft aber soll dieser Segen nicht hinreichen.

Hegel nimmt den kleinen Ludwig in den Kreis seiner neuen Familie auf. Doch schon bald kommt es zu Reibungen, Missverständnissen, Problemen. Das Kind hat zuwenig Liebe erfahren; als es ein paar Groschen stiehlt, wirft der Vater es aus dem Haus. Hegel als Erzieher, das ist kein Ruhmesblatt! Der Junge macht eine Lehre bei einem Kaufmann, wieder gibt es Streit, so dass Hegel ihn endgültig verstößt und ihm untersagt, seinen Namen zu führen. Der Bruch ist total; mit 18 Jahren schifft sich Ludwig Fischer auf einem nach Batavia segelnden holländischen Kriegsschiff ein. Seinen Vater sieht er nicht wieder. Noch vor Hegel stirbt Ludwig Fischer in Djakarta an der Malaria – ein Opfer auch der erbarmungslosen Logik eines unfähigen Vaters, dessen Wissen über Kinder wohl exemplarisch für seine Zeit ist: „Bald tut sich im Kinde der Eigenwille und das Böse hervor. Dieser Eigenwille muss durch die Zucht gebrochen, – dieser Keim des Bösen durch dieselbe vernichtet werden."

Wenn der Pädagoge Hegel skeptisch stimmen muss, so ist es doch eine Freude, dem Philosophen bei seinen Beobachtungen über den Einzelnen und die Anderen zu folgen. Vom Zeitungslesen als „realistischem Morgensegen" bis hin zum faszinierenden Moment des Erwachens lässt Hegel den Blick schweifen, mit Wärme, Heiterkeit und einem feinen Auge für die „moralischen Laternen" des Alltags.

Im Laufe des Lebens

Das *Zeitungslesen* des Morgens früh ist eine Art von realistischem Morgensegen. Man orientiert seine Haltung gegen die Welt an Gott oder an dem, was die Welt ist. Jenes gibt dieselbe Sicherheit wie hier, dass man wisse, wie man daran sei.[JS]

Ein geflickter Strumpf (ist) besser als ein zerrissener; nicht so das Selbstbewusstsein.[JS]

Jeder findet vor sich eine bezauberte, für ihn ganz ungehörige Welt, die er bekämpfen muss, weil sie sich gegen ihn sperrt und in ihrer spröden Festigkeit seinen Leidenschaften nicht nachgibt, sondern den Willen eines Vaters, einer Tante, bürgerliche Verhältnisse usf. als ein Hindernis vorschiebt. Besonders sind Jünglinge diese neuen Ritter, die sich durch den Weltlauf, der sich statt ihrer Ideale realisiert, durchschlagen müssen und es nun für ein Unglück halten, dass es überhaupt Familie, bürgerliche Gesellschaft, Staat, Gesetze, Berufsgeschäfte usf. gibt, weil diese substantiellen Lebensbeziehungen sich mit ihren Schranken grausam den Idealen und dem unendlichen Rechte des Herzens entgegensetzen. Nun gilt es, ein Loch in diese Ordnung der Dinge hineinzustoßen, die Welt zu verändern, zu verbessern oder ihr zum Trotz sich wenigstens einen Himmel auf Erden herauszuschneiden: das Mädchen, wie es sein soll, sich zu suchen, es zu finden und es nun den schlimmen Verwandten oder sonstigen Missverhältnissen abzugewinnen, abzuerobern und abzutrotzen. Diese Kämpfe nun aber sind in der modernen Welt nichts Weiteres als die Lehrjahre, die Erziehung des Individuums an der vorhandenen Wirklichkeit, und erhalten dadurch ihren wahren Sinn. Denn das Ende solcher Lehrjahre besteht darin, dass sich das Subjekt die Hörner abläuft, mit seinem Wünschen und Meinen sich in die bestehenden Verhältnisse und die Vernünftigkeit derselben hineinbildet, in die Verkettung der Welt eintritt und in ihr sich einen angemessenen Standpunkt erwirbt. Mag einer auch noch soviel sich mit der Welt herumgezankt haben, umhergeschoben worden sein, zuletzt bekommt er meistens doch sein Mädchen und irgendeine Stellung, heiratet und wird ein Philister so gut wie die anderen auch; die Frau steht der Haushaltung vor, Kinder bleiben nicht aus, das angebetete Weib, das erst die Einzige, ein Engel war, nimmt sich ungefähr ebenso aus wie alle anderen, das Amt gibt Arbeit und Verdrießlichkeiten, die Ehe Hauskreuz, und so ist der ganze Katzenjammer der übrigen da.[BS]

Einem Skrupulanten kann man sagen, dass das Gewissen eine moralische Laterne sei, die nur auf gutem Wege leuchtet; geht man auf bösen, so bläst man sie aus.[JS]

Wenn der Mensch einmal dahin gekommen, dass er es nicht mehr besser weiß als andere, d. h. dass es ihm ganz gleichgültig ist, dass die andern es schlecht gemacht – und ihn nur dies interessiert, was sie recht gemacht –, dann ist Frieden und die Affirmation in ihn eingetreten.[BS]

Anfangs kann dem Jünglinge der Übergang aus seinem idealen Leben in die bürgerliche Gesellschaft als ein schmerzhafter Übergang ins Philisterleben erscheinen. Bis dahin nur mit allgemeinen Gegenständen beschäftigt und bloß für sich selber arbeitend, soll der zum Manne werdende Jüngling, indem er ins praktische Leben tritt, für andere tätig sein und sich mit Einzelheiten befassen. So sehr dies nun in der Natur der Sache liegt – da, wenn gehandelt werden soll, zum *Einzelnen* fortgegangen werden muss –, so kann dem Menschen die beginnende Beschäftigung mit Einzelheiten doch sehr peinlich sein und die Unmöglichkeit einer unmittelbaren Verwirklichung seiner Ideale ihn hypochondrisch machen. Dieser Hypochondrie, wie unscheinbar sie auch bei vielen sein mag, entgeht nicht leicht jemand. Je später der Mensch von ihr befallen wird, desto bedenklicher sind ihre Symptome. Bei schwachen Naturen kann sich dieselbe durch das ganze Leben hindurchziehen. In dieser krankhaften Stimmung will der Mensch seine Subjektivität nicht aufgeben, vermag den Widerwillen gegen die Wirklichkeit nicht zu überwinden und befindet sich eben dadurch in dem Zustande relativer Unfähigkeit, die leicht zu einer wirklichen Unfähigkeit wird. Will daher der Mensch nicht untergehen, so muss er die Welt als eine selbständige, im wesentlichen *fertige* anerkennen, die von derselben ihm gestellten Bedingungen annehmen und ihrer Sprödigkeit dasjenige abringen, was er für sich selber haben will. Zu dieser Fügsamkeit glaubt sich der Mensch in der Regel nur aus *Not* verstehen zu müssen. In Wahrheit aber muss diese Einheit mit der Welt nicht als ein Verhältnis der Not, sondern als das vernünftige Verhältnis erkannt werden. Das Vernünftige, Göttliche besitzt die absolute Macht, sich zu verwirklichen, und hat sich von jeher vollbracht; es ist nicht so ohnmächtig, dass es erst auf den Beginn seiner Verwirklichung warten müsste. Die Welt ist diese Verwirklichung der göttlichen Vernunft; nur auf ihrer Oberfläche herrscht das Spiel vernunftloser Zufälle.*En*

Es ist ein schöner Zug, welche Verachtung man in Deutschland gegen das *Geld* hat und zeigt. Die Deutschen dichten ihm einen Ursprung an, der nicht verächtlicher und niedriger sein kann. Man stellt ihn fürs Auge in Figuren dar, die Geldsch–r genannt werden. Es soll eine mythologische Beziehung zugrunde liegen. Eine Bratwurst oder was es sei mag man nicht mit einer so niedrigen Entstehungsart zusammendenken.*JS*

Geld ist die Abbreviatur aller äußerlichen Notwendigkeit.*BS*

Kind und Kindheit

Während im Träumen das zum Gefühl seiner selbst gelangende Individuum in *einfacher unmittelbarer Beziehung auf sich* befangen ist und dieses sein Fürsichsein durchaus die Form der Subjektivität hat, zeigt uns dagegen das Kind im Mutterleibe eine Seele, die noch nicht im Kinde, sondern nur erst in der Mutter wirklich für sich ist, sich noch nicht für sich tragen kann, vielmehr nur von der Seele der Mutter getragen wird, so dass hier, statt jener im Träumen vorhandenen *einfachen Beziehung* der Seele *auf sich*, eine ebenso einfache, unmittelbare Beziehung auf ein *anderes* Individuum existiert, in welchem die in ihr selber noch selbstlose Seele des Fötus ihr Selbst findet. Dies Verhältnis hat für den die Einheit des Unterschiedenen zu begreifen unfähigen Verstand etwas Wunderbares, denn hier sehen wir ein unmittelbares Ineinanderleben, eine ungetrennte Seeleneinheit zweier Individuen, von welchen das eine ein *wirkliches*, für sich selbst seiendes Selbst ist, während das andere wenigstens ein *formelles* Fürsichsein hat und sich dem wirklichen Fürsichsein immer mehr annähert. Für die philosophische Betrachtung enthält diese ungetrennte Seeleneinheit aber um so weniger etwas Unbegreifliches, als das Selbst des Kindes dem Selbst der Mutter noch gar keinen Widerstand entgegenzusetzen vermag, sondern dem unmittelbaren Einwirken der Seele der Mutter völlig geöffnet ist. Diese Einwirkung offenbart sich in denjenigen Erscheinungen, welche man *Muttermale* nennt.[En]

Das Leben des ungeborenen Kindes gleicht dem Leben der Pflanze. ... Die Geburt ist daher ein ungeheurer Sprung. Durch denselben kommt das Kind aus dem Zustande eines völlig gegensatzlosen Lebens in den Zustand der Absonderung, – in das Verhältnis zu Licht und Luft und in ein immer mehr sich entwickelndes Verhältnis zu vereinzelter Gegenständlichkeit überhaupt und namentlich zu vereinzelter Nahrung. Die erste Weise, wie das Kind sich zu einem Selbständigen konstituiert, ist das *Atmen*, – das die elementarische Strömung unterbrechende Einziehen und Ausstoßen der Luft an einem einzelnen Punkte seines Leibes. Schon gleich nach der Geburt des Kindes zeigt sich dessen Körper fast vollständig organisiert; nur einzelnes ändert sich an demselben, so z. B. schließt sich erst später das sogenannte *foramen ovale*. Die Hauptveränderung des Körpers des Kindes besteht im *Wachsen*.

Was nun die geistige Entwicklung des Kindes in diesem ersten Stadium seines Lebens betrifft, so kann man sagen, dass der Mensch nie mehr lerne als in dieser Zeit. Das Kind macht sich hier mit allen Spezifikationen des Sinnlichen allmählich vertraut. Die Außenwelt wird ihm hier ein Wirkliches. Es schreitet von der Empfindung zur Anschauung fort. Zunächst hat das Kind nur eine Empfindung vom Lichte, durch welches ihm die Dinge manifestiert werden. Diese bloße Empfindung verleitet das Kind, nach dem Entfernten als nach einem Nahen zu greifen. Durch den Sinn des Gefühls orientiert sich aber das Kind über die Entfernungen. So gelangt es zum Augenmaß, wirft es überhaupt das Äußere aus sich hinaus. Auch dass die Außendinge Widerstand leisten, lernt das Kind in diesem Alter.[En] Das Kind lebt in Unschuld, ohne dauernden Schmerz, in Liebe zu den Eltern und im Gefühl, von ihnen geliebt zu sein. Diese unmittelbare, daher ungeistige, bloß natürliche Einheit des Individuums mit seiner Gattung und mit der Welt überhaupt muss aufgehoben werden; das Individuum muss dazu fortschreiten, sich dem Allgemeinen, als der an und für sich seienden, fertigen und bestehenden Sache, gegenüberzustellen, sich in seiner Selbständigkeit zu erfassen.[En]

Als Kind muss der Mensch im Kreise der Liebe und des Zutrauens bei den Eltern gewesen sein, und das Vernünftige muss als seine eigenste Subjektivität in ihm erscheinen. Vorzüglich ist in der ersten Zeit die Erziehung der Mutter wichtig, denn die Sittlichkeit muss als Empfindung in das Kind gepflanzt worden sein. Es ist zu bemerken, dass im ganzen die Kinder die Eltern weniger lieben als die Eltern die Kinder, denn sie gehen der Selbständigkeit entgegen und erstarken, haben also die Eltern hinter sich, während die Eltern in ihnen die objektive Gegenständlichkeit ihrer Verbindung besitzen. *GPhR*

Auf dem Wege von Brunnen nach Gersau kamen wir an der einsamen *Klause eines Waldbruders*, die hart am Ufer liegt, vorbei, so wie an einer Kapelle, die *Kindleinmord* heißt, ein Name, der auf die Veranlassung zur Erbauung der Kapelle deutet. Die Schiffer erzählten uns davon folgende durch ihre Einfalt und den Kontrast der Verdorbenheit und Unschuld rührende Geschichte. Ein Spielmann hatte auf diesem einsamen Fleck sein kleines Mädchen allein gelassen und jenseits des Sees zu einem Tanze aufgespielt und wohlgelebt. Als in der Nacht spät der Vater zu dem verlassenen Kinde zurückkam, bat es ihn ganz hungrig um Brot. Der Vater behandelte es rauh. Das Kind bat flehentlich. Er versprach ihm endlich zu geben, wenn es drei Fragen beantworten könne, deren zwei letzte mir noch im Gedächtnis sind. Was süßer sei, als Honig? Das Kind antwortete: die Muttermilch. Was härter als Stein? Des Vaters Herz, entgegnete das Kind, und voll Grimm schlug er es, dass es dort tot gefunden wurde, und die fromme Einfalt errichtete an diesem Platze eine Kapelle zur Sühne der beleidigten Unschuld.[FS]

Der Mensch steht nur, insofern er stehen will; wir fallen zusammen, sowie wir nicht mehr stehen wollen; das Stehen ist daher die Gewohnheit des Willens zum Stehen. Ein noch freieres Verhältnis zur Außenwelt erhält der Mensch durch das Gehen; durch dasselbe hebt er das Außereinander des Raumes auf und gibt sich selber seinen Ort. Die Sprache aber befähigt den Menschen, die Dinge als allgemeine aufzufassen, zum Bewusstsein seiner eigenen Allgemeinheit, zum Aussprechen des Ich zu gelangen. Dies Erfassen seiner Ichheit ist ein höchst wichtiger Punkt in der geistigen Entwicklung des Kindes; mit diesem Punkt beginnt dasselbe, aus seinem Versenktsein in die Außenwelt sich in sich zu reflektieren. Zunächst äußert sich diese beginnende Selbständigkeit dadurch, dass das Kind mit den sinnlichen Dingen *spielen* lernt. Das Vernünftigste aber, was die Kinder mit ihrem Spielzeug machen können, ist, dass sie dasselbe zerbrechen.[En]

Selbst das vollendetste Tier vermag nicht, diesen fein organisierten, unendlich bildsamen Körper aufzuzeigen, den wir schon an dem eben geborenen Kinde erblicken. Zunächst erscheint indes das Kind in einer weit größeren Abhängigkeit und Bedürftigkeit als die Tiere. Doch offenbart sich seine höhere Natur auch bereits hierbei. Das Bedürfnis kündigt sich in ihm sogleich ungebärdig, tobend, gebieterisch an. Während das Tier stumm ist oder nur durch Stöhnen seinen

Schmerz ausdrückt, äußert das Kind das Gefühl seiner Bedürfnisse durch *Schreien*. Durch diese ideelle Tätigkeit zeigt sich das Kind sogleich von der Gewissheit durchdrungen, dass es von der Außenwelt die Befriedigung seiner Bedürfnisse zu fordern ein Recht habe, – dass die Selbständigkeit der Außenwelt gegen den Menschen eine nichtige sei.[En]

In der Schule ... verliert die Unmittelbarkeit des Kindes ihre Geltung; hier wird dasselbe nur insofern geachtet, als es Wert hat, als es etwas leistet; hier wird es nicht mehr bloß geliebt, sondern nach allgemeinen Bestimmungen kritisiert und gerichtet, nach festen Regeln durch die Unterrichtsgegenstände gebildet, überhaupt einer allgemeinen Ordnung unterworfen, welche vieles an sich Unschuldige verbietet, weil nicht gestattet werden kann, dass alle dies tun. So bildet die Schule den Übergang aus der Familie in die bürgerliche Gesellschaft. Zu dieser hat jedoch der Knabe nur erst ein unbestimmtes Verhältnis; sein Interesse teilt sich noch zwischen Lernen und Spielen.[En]

Die pädagogischen Versuche, den Menschen dem allgemeinen Leben der Gegenwart zu entziehen und auf dem Lande heraufzubilden (*Rousseau* im *Emile*), sind vergeblich gewesen, weil es nicht gelingen kann, den Menschen den Gesetzen der Welt zu entfremden. Wenn auch die Bildung der Jugend in Einsamkeit geschehen muss, so darf man ja nicht glauben, dass der Duft der Geisterwelt nicht endlich durch diese Einsamkeit wehe und dass die Gewalt des Weltgeistes zu schwach sei, um sich dieser entlegenen Teile zu bemächtigen. Darin, dass es Bürger eines guten Staates ist, kommt erst das Individuum zu seinem Recht.[GPhR]

Sprechen, Schreien, Schlafen

Die menschliche Gestalt ... ist nicht wie die tierische die Leiblichkeit nur der Seele, sondern des *Geistes*. Geist und Seele nämlich sind wesentlich zu unterscheiden. Denn die Seele ist nur dieses ideelle einfache Fürsichsein des Leiblichen als *Leiblichen*, der Geist aber das Fürsichsein des bewussten und *selbstbewussten* Lebens mit allen Empfindungen, Vorstellungen und Zwecken dieses bewussten Daseins. Bei diesem enormen Unterschiede von bloß tierischer Lebendigkeit und von geistigem Bewusstsein kann es befremdlich erscheinen, dass sich die *geistige* Leiblichkeit, der menschliche Körper, dennoch dem tierischen so homogen erweist. Der Verwunderung über solche Gleichartigkeit können wir dadurch begegnen, dass wir an die Bestimmung erinnern, welche den Geist, seinem eigenen Begriffe nach, sich entschließen lässt, lebendig und an sich selbst deshalb zugleich *Seele* und Naturexistenz zu sein. Als lebendige Seele nun gibt sich die Geistigkeit durch denselben Begriff, welcher der tierischen Seele innewohnt, einen Körper, der, dem Grundcharakter nach, dem lebendigen tierischen Organismus überhaupt gleichkommt. Wie hoch deshalb der Geist auch über dem bloß Lebendigen steht, so macht er sich doch seinen Leib, welcher mit dem tierischen durch ein und denselben Begriff gegliedert und beseelt erscheint.[Ä]

(Der Mensch) hat zwar einerseits die Bestimmung, das Werkzeug für die Befriedigung des Hungers und Durstes zu sein, drückt aber andererseits auch geistige Zustände, Gesinnungen und Leidenschaften aus. Schon beim Tiere dient er in dieser Beziehung zum Schreien, beim Menschen zum Sprechen, Lachen, Seufzen usf., wobei die Züge des Mundes selbst schon einen charakteristischen Zusammenhang mit den geistigen Zuständen beredter Mitteilung oder der Freude, des Schmerzes usf. haben.[Ä]

Schon außerhalb der Kunst ist der Ton als Interjektion, als Schrei des Schmerzes, als Seufzen, Lachen die unmittelbare lebendigste Äußerung von Seelenzuständen und Empfindungen, das Ach und Oh des Gemüts. Es liegt eine Selbstproduktion und Objektivität der Seele als Seele darin, ein Ausdruck, der in der Mitte steht zwischen der bewusstlosen Versenkung und der Rückkehr in sich zu innerlichen bestimmten Gedanken, und ein Hervorbringen, das nicht praktisch, sondern theoretisch ist, wie auch der Vogel in seinem Gesang diesen Genuss und diese Produktion seiner selbst hat.[Ä]

Außer den Farben sind es besonders die *Töne*, welche eine entsprechende Stimmung in uns hervorbringen. Vornehmlich gilt dies von der menschlichen *Stimme*, denn diese ist die Hauptweise, wie der Mensch sein Inneres kundtut; was er ist, das legt er in seine Stimme. In dem Wohlklange derselben glauben wir daher die Schönheit der Seele des Sprechenden, in der Rauhigkeit seiner Stimme ein rohes Gefühl mit Sicherheit zu erkennen. So wird durch den Ton in dem ersteren

Falle unsere Sympathie, in dem letzteren unsere Antipathie erweckt. Besonders aufmerksam auf das Symbolische der menschlichen Stimme sind die Blinden. Es wird sogar versichert, dass dieselben die körperliche Schönheit des Menschen an dem Wohlklange seiner Stimme erkennen wollen, – dass sie selbst die Pockennarbigkeit an einem leisen Sprechen durch die Nase zu hören vermeinen.*En*

Indem dieselbe (die menschliche Stimme) zur *Sprache* wird, hört sie auf, eine unwillkürliche Äußerung der Seele zu sein. Ebenso wird das *Lachen*, in der Form des *Auslachens*, zu etwas mit *Freiheit* Hervorgebrachtem. Auch das *Seufzen* ist weniger etwas Ununterlassbares als vielmehr etwas Willkürliches.*En*

In das Wachsein fällt überhaupt alle selbstbewusste und vernünftige *Tätigkeit* des für sich seienden Unterscheidens des Geistes. – Der Schlaf ist Bekräftigung dieser Tätigkeit nicht als bloß negative Ruhe von derselben, sondern als Rückkehr aus der Welt der *Bestimmtheiten*, aus der Zerstreuung und dem Festwerden in den Einzelheiten in das allgemeine Wesen der Subjektivität, welches die Substanz jener Bestimmtheiten und deren absolute Macht ist.

Der Unterschied von Schlaf und Wachen pflegt zu einer der *Vexierfragen*, wie man sie nennen könnte, an die Philosophie gemacht zu werden (auch *Napoleon* richtete bei einem Besuch der Universität zu Pavia diese Frage an die Klasse der Ideologie). ... Die Schwierigkeit, welche man (mit) dem Unterscheiden jener beiden Zustände erregt, entsteht eigentlich erst, insofern man das Träumen im Schlafe hinzunimmt und dann die Vorstellungen des wachen, besonnenen Bewusstseins auch nur als *Vorstellungen*, was die Träume gleichfalls seien, bestimmt. In dieser oberflächlichen Bestimmung von *Vorstellungen* kommen freilich beide Zustände überein, d.h. es wird damit über den Unterschied derselben hinweggesehen; und bei jeder angegebenen Unterscheidung des wachen Bewusstseins lässt sich zu der trivialen Bemerkung, dass dies doch auch nur Vorstellungen enthalte, zurückkehren. – Aber das *Fürsichsein* der wachen Seele, *konkret* aufgefasst, ist *Bewusstsein* und *Verstand*, und die Welt des verständigen Bewusstseins ist ganz etwas anderes als ein Gemälde von bloßen Vorstellungen und Bildern. Diese letzteren als solche hängen vornehmlich äußerlich, nach den sogenannten Gesetzen der sogenannten *Ideenassoziation*, auf unverständige Weise zusammen, wobei sich freilich auch hier und da Kategorien einmischen können. Im Wachen aber verhält sich wesentlich der Mensch als konkretes Ich, als Verstand.[En]

Gegen das Strafen

Ein Exkurs

Erst spät, als Professor in Heidelberg und dann in Berlin, erreicht Hegel sein Ziel, selbständig und relativ autonom arbeiten zu können. Die Jahre zuvor verbringt er in Unfreiheit und Abhängigkeit. Und seit seiner Zeit als Internatszögling treibt ihn die Wut auf alle Formen der Unterdrückung um, ein Zorn gegen Willkür und Arroganz der Obrigkeit. In seinen Bemerkungen zum Strafen wird deutlich, welche seelischen und sozialen Verheerungen er in der scheinbar ganz normalen Wirklichkeit aufspürt. Nicht nur die Barbarei der öffentlichen Hinrichtungen empört ihn; als ähnlich furchtbar geißelt er die moderne Umstellung des Strafsystems von Leib- auf Zeitstrafen. Er spürt den technokratischen und kalten Geist, der die noch junge Erfindung des organisierten Gefängnissystems prägt. „Mit kaltem Verstande die Menschen bald als arbeitende und produzierende Wesen, bald als zu bessernde Wesen zu betrachten und zu befehligen, wird die ärgste Tyrannei, weil das Beste des Ganzen als Zweck ihnen fremd ist, wenn es nicht gerecht ist." Wer den politischen Hegel sucht: Hier ist er, seiner Zeit um Jahrzehnte voraus und auch für unsere immer noch eine Provokation.

Ein wehrloser Mensch ist es, der uns in die Augen fällt, der gebunden, von einer zahlreichen Wache umgeben, von ehrlosen Henkersknechten gehalten, hinausgeführt und da ganz wehrlos (ist) unter dem Zuruf und Gebet der Geistlichen, die der Missetäter nachschreit, um das Bewusstsein des gegenwärtigen Augenblicks zu übertäuben. So stirbt er. Der Soldat, der neben dem anderen zusammengehauen wird oder, von einem unsichtbaren Blei getroffen, niederstürzt, erweckt nicht die Empfindung in uns, die die Hinrichtung des Missetäters wirkt. Ich denke, bei diesem letzten Augenblick empfinden wir es, dass einem Menschen *sein Recht, sich für sein Leben zu wehren*, entzogen ist. Der Mensch, der im Kampf mit einem anderen stirbt, kann von uns bedauert werden, aber es hat nicht das Kränkende für uns, das der Tod von jenem hat: denn jener hat noch sein natürliches Recht, sich für sein Leben zu wehren, ausgeübt. Auch fiel er nur, indem der andere das gleiche Recht behauptete. Die empörende Empfindung, einen Wehrlosen von einer noch dazu überlegenen Anzahl Bewaffneter hinrichten zu sehen, wird bei den Zuschauern nur dadurch nicht in Wut verwandelt, dass ihnen der *Ausspruch des Gesetzes heilig* ist. Aber diese Vorstellung vermag jene Empfindung, die durch den unmittelbaren Anblick erzeugt wird, nicht ganz zu verdrängen. Wenn die Henker schon Diener der Gerechtigkeit sind, so hat doch diese bloße Vorstellung die allgemeine Empfindung nicht zu unterdrücken vermocht, welche das Handwerk oder den Stand dieser Menschen, die hier im Angesicht des ganzen Volks mit kaltem Blut einen Wehrlosen töten können, die hier ganz als blinde Werkzeuge, so wie die wilden Tiere, denen man ehemals die Verbrecher vorwarf, ihren Dienst verrichten, mit dem Brandmal der *Ehrlosigkeit* stempelte. Der aufgeklärte Verstand mag diese Stimme des Volks und das dunkle Gefühl, worauf sie gegründet ist, noch so sehr als Vorurteil verschreien, ihr noch so dringend wiederholen, dass er in der Analyse jenes Gefühls keinen vernünftigen Grund antrifft, und dagegen die Henker als Diener des Staats und der Gerechtigkeit, die ihre Pflicht tun, mit anderen Staatsbeamten in Parallele setzen: er wird, wie es ihm mit noch so manchen anderen Empfindungen geht, auch diese nicht verdrängen können. Der billig Denkende wird aber von dem Handwerk, das seine Empfindung empört, immer den Menschen selbst zu unterscheiden wissen und ihm Gerechtigkeit widerfahren lassen, wenn er ihm auch ein ander Handwerk wünschte, so wie er auch sonst, von der Schändlichkeit der Sitte oder Gewohnheit eines Volks überzeugt, ein Individuum, mit dem er zu tun hätte, deswegen doch nicht für einen Schurken hielte. ... Unter den Griechen weiß ich nicht, dass öffentliche Hinrichtungen gewesen wären. Sokrates wenigstens trank im Gefängnis den Giftbecher, und Orest bei Euripides wollte die selbstgewählte Todesart auch selbst an sich vollziehen. Würde heutigentags jemand den Vorschlag tun, das Öffentliche der Todesstrafen abzuschaffen, so würde ihm mit tausend Zungen entgegengeschrien werden, dass ein Hauptendzweck der Strafen, das *Beispiel für andere*, dabei verlorenginge. Es scheint, die Griechen haben sich nicht diesen Endzweck der Strafen vorgestellt und ihre Gesetzgeber es nicht für nötig gehalten, durch ein grauenvolles Schauspiel die Empfindung und die Einbildungskraft zu erschüttern und dadurch das zu ersetzen, was innere Moralität und Achtung für die Gesetze nicht bewirken konnten. Die behauptete Notwendigkeit grausamer öffentlicher Strafen beweist im ganzen weiter nichts als das wenige Zutrauen, das Gesetzgeber und Richter in das sittliche Gefühl ihres Volks setzen könnten. – Ebenso laut würde man gegen einen solchen Vorschlag sagen, dass, wenn Todesurteile nicht öffentlich vollzogen würden, für *gewissenlose Richter* ein Zaum des Unrechts weniger sein würde. Der Despotismus würde im Dunkeln ungescheuter morden, als er es öffentlich wagen darf. (Werden in Venedig die Hinrichtungen alle oder nur die der Staatsverbrecher privatim vollzogen?) Gegen Bürger eines Staates, die dieses zu befürchten hätten und diesen Einwurf vorbrächten, ist nichts zu antworten, und überhaupt in einem jeden Staate, in welchem ein nicht vom Volke aus seiner Mitte erwähltes Gericht bei verschlossenen Türen über das Leben eines Mitbürgers abspricht, ist den Untertanen nichts so sehr zu wünschen, als dass dieser Schatten einer Wichtigkeit der Stimme des Publikums erhalten werde: denn vor der öffentlichen Hinrichtung rechtfertigt sich das Gericht gleichsam wegen seines getanen Urteilsspruches, der mit Gründen abgelesen wird, in den Augen des Volks. Aber in Staaten, in welchen der Bürger das Recht hat, von seinen Pairs gerichtet zu werden, wo jeder in den Gerichtssaal freien Zutritt hat, würde diese Unbequemlichkeit wegfallen.[FS]

Die *Feuerbachische* Straftheorie begründet die Strafe auf Androhung und meint, wenn jemand trotz derselben ein Verbrechen begehe, so müsse die Strafe erfolgen, weil sie der Verbrecher früher gekannt habe. Wie steht es aber mit der Rechtlichkeit der Drohung? Dieselbe setzt den Menschen als nicht Freien voraus und will durch die Vorstellung eines Übels zwingen. Das Recht und die Gerechtigkeit müssen aber ihren Sitz in der Freiheit und im Willen haben und nicht in der Unfreiheit, an welche sich die Drohung wendet. Es ist mit der Begründung der Strafe auf diese Weise, als wenn man gegen einen Hund den Stock erhebt, und der Mensch wird nicht nach seiner Ehre und Freiheit, sondern wie ein Hund behandelt. Aber die Drohung, die im Grunde den Menschen empören kann, dass er seine Freiheit gegen dieselbe beweist, stellt die Gerechtigkeit ganz beiseite. Der psychologische Zwang kann sich nur auf den qualitativen und quantitativen Unterschied des Verbrechens beziehen, nicht auf die Natur des Verbrechens selbst, und die Gesetzbücher, die etwa aus dieser Lehre hervorgegangen sind, haben somit des eigentlichen Fundaments entbehrt.[GPbR]

Man hat gemeint, dass, solange die Gefängnisse auf dem Lande und selbst in den meisten Städten nur zur´ Aufnahme der Gefangenen und zur Empfindung der Strafe dienen, damit gegen die Bauern und insonderheit gegen die geringere Klasse und das Gesinde nichts ausgerichtet, sondern der Zweck der Strafe gänzlich verfehlt würde, auch dem Lande eine beträchtliche Quantität an Arbeitern entginge, wenn die geringeren Leibesstrafen auf bloßes Gefängnis eingeschränkt sein dürften. *Carmers* Antwort lautet: „die Leibesstrafen als Hindernisse der Veredelung der Moralität in niederen Volksklassen soviel als möglich außer Übung zu bringen, dass sie durch Modifikation der ordinären Gefängnisanstalten entbehrlich würden. Wenn der Arrest durch gänzliche Einsamkeit und Isolierung von aller Kommunikation mit Menschen, durch Abschneiden gewohnter Bedürfnisse und Bequemlichkeiten, z.B. des Tabaks, durch allerhand der Empfindung widrige, doch der Gesundheit nicht schädliche Lagen und Stellungen und unangenehme saure Arbeiten und dgl. mehr so erschwert würde, dass seine Qualität eine kürzere Dauer gestatte und der Hang zur Trägheit keine Nahrung dabei finde." – Ist dies nicht Irokesenmäßig, die auf Qualen für ihre gefangenen Feinde sinnen und mit Wollust jede neue Marter ausüben? Die moralische Wollust des Strafens und die Absicht der Besserung ist nicht viel verschieden von der Wollust der Rache, und von der Absicht der Veredlung [ist es] sehr abstehend, Grausamkeit zu zeigen, denn nichts abrutiert und macht so abscheulich als der Anblick derselben. Abschneidung der Kommunikation ist gerecht, denn der Verbrecher hat sich selbst isoliert. Mit kaltem Verstande die Menschen bald als arbeitende und produzierende Wesen, bald als zu bessernde Wesen zu betrachten und zu befehligen, wird die ärgste Tyrannei, weil das Beste des Ganzen als Zweck ihnen fremd ist, wenn es nicht gerecht ist.[FS]

Volk und Staat

Kein Land wie dieses – Deutschdumm –
Deutsche und andere Europäer – Verfassung

Der Staatsphilosoph als Radikaler? Wie
so viele von Hegels Widersprüchen, so lässt
sich auch der zwischen dem politischen Vi-
sionär und dem staatstragenden Theoretiker nicht
völlig auflösen. Hegel hat beides: Er glaubt an den
Staat, er kann, auch mit einem ungerechten System,
partiell seinen Frieden machen, da er an die überwin-
dende Macht der Vernunft glaubt. Zugleich stellt er
eines klar: Er ist kein Deutschtümler. Nichts ist ihm so
fremd und so zuwider wie jene politischen Romanti-
ker um die Professoren Fries und Rühs, wie die juden-
feindlichen und frankophoben Burschenschaftler und
so viele andere Besucher der berüchtigten Wartburgs-
feier von 1817. Hegel will einfach keine Bücher ver-
brennen, und er hat auch jüdische Freunde. Deutschland ist ihm ein seltsamer Gegenstand des Denkens.
Als überzeugter Protestant glaubt er an den historischen Auftrag, den „Begriff der wahrhaften Freiheit"
auch in der sozialen Wirklichkeit „aus dem subjektiven Selbstbewusstsein frei zu produzieren". Auf der
anderen Seite sieht er das Enge, Düstere der deutschen
Geschichte und Kultur: stinkende Straßen, hausväter-
liche Piefigkeit, „schreckliches Saufen". Hier klingt
Hegel wie Nietzsche, der sich schaudernd abwendet
von Riesenhumpen und Fettsaucen seiner Landsleute.
Hegels Beobachtung, „die Deutschen tranken nicht einen sokratischen sorgenfreien Becher", hätte seinem

nachgeborenen Kollegen sicher gefallen. Wichtiger aber als die Kultur ist für Hegel – und das trennt ihn von Nietzsche – die politische Frage. Er will gleiche Rechte für alle, und er will Verfassungen, die das ermöglichen. Dabei ist er Realist genug zu sehen, dass nicht alles auf alle passt. Durch Eroberung eine Verfassung zu stiften, wie es Napoleon in Spanien versucht hat, ist ein Widerspruch in sich. Es ist halt, wie es ist: Es gibt „Irokesen, Russen, Franzosen", und es gibt unterschiedliche Bedingungen. „Denn das Volk fällt in die Geschichte." Im Fall der Deutschen ist dies eine Geschichte der historischen Verspätung, der politischen Müdigkeit, des allgemeinen Verschlafens: „Wir haben allerhand Rumor im Kopfe und auf dem Kopfe; dabei lässt der deutsche Kopf eher seine Schlafmütze ganz ruhig sitzen und operiert innerhalb seiner." Da täte ein leichterer Sinn Not.

Kein Land wie dieses

Den *germanischen* Nationen hatte der Weltgeist diese seine Arbeit aufgetragen, – die Arbeit, einen Embryo zur Gestalt des denkenden Mannes zu vollführen.[GPh]

Der germanische Geist ist der Geist der neuen Welt, deren Zweck die Realisierung der absoluten Wahrheit als der unendlichen Selbstbestimmung der Freiheit ist, *der* Freiheit, die ihre absolute Form selbst zum Inhalte hat. Die Bestimmung der germanischen Völker ist, Träger des christlichen Prinzips abzugeben. Der Grundsatz der geistigen Freiheit, das Prinzip der Versöhnung, wurde in die noch unbefangenen, ungebildeten

Gemüter jener Völker gelegt, und es wurde diesen aufgegeben, im Dienste des Weltgeistes den Begriff der
wahrhaften Freiheit nicht nur zur religiösen Substanz
zu haben, sondern auch in der Welt aus dem subjektiven Selbstbewusstsein frei zu produzieren.*PhG*

Es ist kein Land wie Deutschland, wo jeder Einfall
sogleich zu etwas Allgemeinem gemacht, zum Götzen
des Tages ausgebildet und die Aufstellung desselben
zur Scharlatanerie getrieben wird, so dass er auch
ebenso schnell vergessen wird und die Frucht verlo-
rengeht, die er tragen würde, wenn er in seine Grenze
eingeschränkt worden wäre. Dadurch würde er in
seinem Maße erkannt und soviel geschätzt und gebraucht, als ihm gehört, da(hingegen) er auf die andere Weise mit seiner ungebührlichen Aufblähung
zugleich ganz zusammenschrumpft und, wie gesagt,
vergessen wird.*JS*

Unsere Städte haben enge stinkende Straßen – die
Zimmer sind eng, dunkel getäfelt, mit dunklen Fen-
stern – große Säle niedrig und drücken, wenn man darin ist – um ja nichts Freies zu haben, wurden Säulen
in der Mitte angebracht, so viel man konnte – es ist
zutraulicher in einem kleinen Zimmer beisammen zu
sitzen – hausväterlicher – ehemals zwar große Zimmer, gewöhnlich aber die ganze Haushaltung darin –
Knechte und Mägde – man schlief, man speiste da –
der ehemalige Geist der Deutschen, hauptsächlich in
Hinsicht auf Kultur Hausväterlichkeit – ihre größte
Ergötzlichkeit, z. B. schreckliches Saufen – überhaupt
(wie auch in Treue und Glauben) Solidität – die Freu-

de der Griechen lauter – fröhlicher – mäßiger – leicht-
sinniger – die Deutschen tranken nicht einen sokratischen sorgenfreien Becher – sondern Becher, bei denen
man entweder bacchantisch lärmte – oder war er
mäßiger, bei dem man sorgte – – Die gotische Bauart
schauerlich – erhaben.*FS*

Deutschdumm

Gott gebe nur, dass wir nicht auch ein so halsstarr-
sches Volk seien wie jenes, sein liebes Volk, und ... gar
aus dem gelobten Lande des Deutschdumms in die
Partikularitäten hinaus zerstreut werden.*B*

... einige Gerüchte versichern nämlich die Errichtung
der großen Nationaldenkmalssäule in Verbindung mit
einem umfassenden Nationalarchive zur Konservation
der altdeutschen Monumente und vaterländischen An-
tiquitäten aller Art als: das Nibelungenlied, Reichs-
kleinodien, König Rogers Schuhe, Wahlkapitulitionen,
freie Verfassungsurkunden, Albrecht Dürersche Holz-
schnitte, Norica usf. Es soll an einem stillen Orte erbaut werden, damit der Genuss vor dem übrigen re-
alitätischen Lärm gesicherter sei. *B*

Die Burgunder, Kriemhilds Rache, Siegfrieds Taten,
der ganze Lebenszustand, das Schicksal des gesamten
untergehenden Geschlechts, das nordische Wesen, König Etzel usf. – das alles hat mit unserem häuslichen,
bürgerlichen, rechtlichen Leben, unseren Institutionen
und Verfassungen in nichts mehr irgendeinen lebendi-

gen Zusammenhang. Die Geschichte Christi, Jerusalem, Bethlehem, das römische Recht, selbst der Trojanische Krieg haben viel mehr Gegenwart für uns als die Begebenheiten der Nibelungen, die für das nationale Bewusstsein nur eine vergangene, wie mit dem Besen rein weggekehrte Geschichte sind. Dergleichen jetzt noch zu etwas Nationalem und gar zu einem Volksbuche machen zu wollen ist der trivialste, platteste Einfall gewesen.^{Ä}

In der Tat, was wir von der Philosophie der neueren Zeit mit der größten Prätention über den Staat haben ausgehen sehen, berechtigte wohl jeden, der Lust hatte mitzusprechen, zu dieser Überzeugung, eben solches von sich aus geradezu machen zu können und damit sich den Beweis, im Besitz der Philosophie zu sein, zu geben. Ohnehin hat die sich so nennende Philosophie es ausdrücklich ausgesprochen, dass *das Wahre selbst nicht erkannt werden* könne, sondern dass dies das Wahre sei, was jeder über die sittlichen Gegenstände, vornehmlich über Staat, Regierung und Verfassung, sich *aus seinem Herzen, Gemüt und Begeisterung aufsteigen* lasse. Was ist darüber nicht alles der Jugend insbesondere zum Munde geredet worden? Die Jugend hat es sich denn auch wohl gesagt sein lassen. *Den Seinen gibt Er's schlafend*, ist auf die Wissenschaft angewendet worden, und damit hat jeder Schlafende sich zu den *Seinen* gezählt; was er so im Schlafe der Begriffe bekommen, war denn freilich auch Ware danach. – Ein Heerführer dieser Seichtigkeit, die sich Philosophieren nennt, Herr *Fries*, hat sich nicht entblödet, bei einer feierlichen, berüchtigt gewordenen öffentlichen Gelegenheit in einer Rede über den Gegenstand von Staat und Staatsverfassung die Vorstellung zu geben: ‚in dem Volke, in welchem echter Gemeingeist herrsche, würde jedem Geschäft der öffentlichen Angelegenheiten *das Leben von unten aus dem Volke* kommen, würden jedem einzelnen Werke der Volksbildung und des volkstümlichen Dienstes sich *lebendige* Gesellschaften weihen, *durch die heilige Kette der Freundschaft* unverbrüchlich vereinigt', und dergleichen. – Dies ist der Hauptsinn der Seichtigkeit, die Wissenschaft, statt auf die Entwicklung des Gedankens und Begriffs, vielmehr auf die unmittelbare Wahrnehmung und die zufällige Einbildung zu stellen, ebenso die reiche Gliederung des Sittlichen in sich, welche der Staat ist, die Architektonik seiner Vernünftigkeit, die durch die bestimmte Unterscheidung der Kreise des öffentlichen Lebens und ihrer Berechtigungen und durch die Strenge des Maßes, in dem sich jeder Pfeiler, Bogen und Strebung hält, die Stärke des Ganzen aus der Harmonie seiner Glieder hervorgehen macht, – diesen gebildeten Bau in den Brei des „Herzens, der Freundschaft und Begeisterung" zusammenfließen zu lassen.[PhR]

Friedrich II., ohne erzogen zu sein in den trübseligen Psalmen, ohne alle Tage ein paar auswendig zu lernen, ohne barbarische Wolffische Metaphysik und Logik (was fand er in Deutschland anderes als Gellert?), kannte nun die großen, obzwar formellen und abstrakten Grundsätze der Religion und des Staats und regierte in seinen Verhältnissen danach. Es war kein anderes Bedürfnis in seinem Volk vorhanden;

man kann nicht verlangen, dass er der Reformator, Revolutionär desselben hätte werden sollen, da kein Mensch Landstände, Öffentlichkeit der Gerichte forderte. Er führte ein, was Bedürfnis war, religiöse Toleranz, Gesetzgebung, Verbesserung der Gerechtigkeitspflege, Sparsamkeit mit der Staatskasse; von dem elenden deutschen Recht ist nicht einmal mehr ein Gespenst geblieben. Er stellte den Staatszweck auf und hat damit alle Privilegien, die deutschen partikulären Rechte, das bloß positive Recht im Staate über den Haufen geworfen. Es ist albern, wenn die Frömmelei und die falsche Deutschheit jetzt über ihn herfallen und diese große Erscheinung, die so unendlich gewirkt hat, kleinmachen und gar zur Eitelkeit oder Verruchtheit herabsetzen wollen; was Deutschheit sein soll, muss eine Vernünftigkeit sein.[GPh]

Deutsche und andere Europäer

Wir sind überhaupt den Franzosen gegenüber die sorgsamsten Archivare aller fremden Eigenheiten und verlangen deshalb auch in der Kunst Treue der Zeit, des Orts, der Gebräuche, Kleider, Waffen usf.; ebensowenig fehlt es uns an Geduld, uns mit saurer Mühe durch Gelehrsamkeit in die Denk- und Anschauungsweise fremder Nationen und entlegener Jahrhunderte hineinzustudieren, um ihre Partikularitäten uns anzubequemen; und diese Vielseitigkeit und Allseitigkeit, die Geister der Nationen aufzufassen und zu verstehen, macht uns auch in der Kunst nicht nur gegen fremde Sonderbarkeiten tolerant, sondern sogar allzu peinlich in der Forderung genauester Richtigkeit solcher unwesentlichen Außendinge. Die Franzosen erscheinen zwar gleichfalls als vielgewandt und tätig, aber so höchstgebildete und praktische Menschen sie auch sein mögen, um so weniger Geduld haben sie für ein ruhiges und anerkennendes Auffassen. Zu urteilen ist bei ihnen immer das erste. Wir dagegen lassen besonders in fremden Kunstwerken jedes treue Gemälde gelten; ausländische Pflanzen, Gebilde, aus welchem Reiche der Natur es sei, Geräte aller Art und Gestalt, Hunde und Katzen, selbst ekelhafte Gegenstände sind uns genehm; und so wissen wir uns auch mit den fremdartigsten Anschauungsweisen, Opfern, Legenden der Heiligen und ihren vielen Absurditäten sowie mit anderweitigen abnormen Vorstellungen zu befreunden. Ebenso kann es uns in Darstellung der handelnden Personen als das wesentlichste erscheinen, sie in ihrem Sprechen, ihren Trachten usf. um ihrer selbst willen, und wie sie wirklich ihrem Zeit- und Nationalcharakter nach für sich zu- und gegeneinander gewesen sind, auftreten zu lassen.[Ä]

Die Franzosen sagen: *Il a la tête près du bonnet*; sie haben den Sinn der Wirklichkeit, des Handelns, Fertigwerdens, – die Vorstellung geht unmittelbarer in Handlung über. So haben sich die Menschen praktisch an die Wirklichkeit gewendet. Sosehr die Freiheit in sich konkret ist, so wurde sie doch als unentwickelt in ihrer Abstraktion an die Wirklichkeit gewendet; und Abstraktionen in der Wirklichkeit geltend machen, heißt Wirklichkeit zerstören. Der Fanatismus der Freiheit, dem Volke in die Hand gegeben, wurde fürchterlich.

In Deutschland hat dasselbe Prinzip das Interesse des Bewusstseins für sich genommen; aber es ist theoretischerweise ausgebildet worden. *Wir* haben allerhand Rumor im Kopfe und auf dem Kopfe; dabei lässt der deutsche Kopf eher seine Schlafmütze ganz ruhig sitzen und operiert innerhalb seiner.*GPh*

Der Deutsche kann es nicht leugnen, dass die Franzosen, Italiener, Spanier mehr Charakterbestimmtheit besitzen, einen festen Zweck (mag dieser nun auch eine fixe Vorstellung zum Gegenstande haben) mit vollkommenem Bewusstsein und der größten Aufmerksamkeit verfolgen, einen Plan mit großer Besonnenheit durchführen und die größte Entschiedenheit in Ansehung bestimmter Zwecke beweisen. Die Franzosen nennen die Deutschen *entiers*, ganz, d. h. eigensinnig; sie kennen auch nicht die närrische Originalität der Engländer. Der Engländer hat das Gefühl der Freiheit im besonderen; er bekümmert sich nicht um den Verstand, sondern, im Gegenteil, fühlt sich um so mehr frei, je mehr das, was er tut oder tun kann, gegen den Verstand, d. h. gegen allgemeine Bestimmungen, ist. Aber dann zeigt sich sogleich bei den romanischen Völkern diese Trennung, das Festhalten eines Abstrakten, und damit nicht diese Totalität des Geistes, des Empfindens, die wir Gemüt heißen, nicht dies Sinnen über den Geist selbst in sich, – sondern sie sind im Innersten außer sich. Das Innere ist ein Ort, dessen Tiefe ihr Gefühl nicht auffasst, denn es ist bestimmten Interessen verfallen, und die Unendlichkeit des Geistes ist nicht darin. Das Innerste ist nicht ihr eigen. Sie lassen es gleichsam drüben liegen und sind froh, dass es sonst abgemacht wird. Das Anderwärts, dem sie es überlassen, ist eben die Kirche. Freilich haben sie auch selbst damit zu tun, aber weil dies Tun nicht ihr selbsteigenes ist, so machen sie es auf äußerliche Weise ab. *Eh bien*, sagt Napoleon, wir werden wieder in die Messe gehen, und meine Schnurrbärte werden sagen: das ist die Parole! Das ist der Grundzug dieser Nationen, Trennung des religiösen Interesses und des weltlichen, d.i. des eigentümlichen Selbstgefühls; und der Grund dieser Entzweiung ist im Innersten selbst, welches jenes Gesammeltsein, jene tiefste Einheit verloren hat. Die katholische Religion nimmt nicht wesentlich das Weltliche in Anspruch, sondern die Religion bleibt eine gleichgültige Sache auf der einen Seite, und die andere Seite ist verschieden davon und für sich. Gebildete Franzosen haben daher einen Widerwillen gegen den Protestantismus, denn er erscheint ihnen als etwas Pedantisches, als etwas Trauriges, kleinlich Moralisches, weil der Geist und das Denken mit der Religion selbst zu tun haben müsste; bei der Messe hingegen und anderen Zeremonien ist es nicht nötig, daran zu denken, sondern man hat eine imposante, sinnliche Erscheinung vor Augen, bei welcher man plappern kann ohne alle Aufmerksamkeit und doch das Nötige abtut.*PhG*

Brief an Niethammer
Bamberg, Nov. 1807
… Bisher sahen wir bei den Nachahmungen des Französischen immer nur die Hälfte aufnehmen und die andere Hälfte weglassen, diese andere Hälfte, welche das edelste, die Freiheit des Volkes, Teilnahme desselben an

Wahlen, Beschließungen oder wenigstens Darlegung aller Gründe der Regierungsmaßregeln vor die Einsicht des Volkes enthält! – eine Weglassung, wodurch jene erste Hälfte zum gänzlich Verkehrten, zur Willkür, Grobheit, Roheit, vornehmlich Stummheit, Hass der Publizität, Aussaugung, Verschwendung – und auf der andern Seite zur Dumpfheit, Missmut, Gleichgültigkeit gegen alles Öffentliche, Kriecherei und Niederträchtigkeit wird. Es gehört ein großer, tiefer Sinn dazu, eine Verfassung zu machen ...[B]

Verfassung

Die *politische* Freiheit eines Volkes besteht darin, einen eigenen Staat auszumachen und, was als allgemeiner Nationalwille gilt, entweder durch das ganze Volk selbst zu entscheiden oder durch solche, die dem Volk angehören und die es, indem jeder andere Bürger mit ihnen gleiche Rechte hat, als die Seinigen anerkennen kann.[NHS]

Es kann darum gar nicht gesagt werden, dass eine wahrhafte Konstitution für jedes Volk passe; und es ist allerdings der Fall, dass für die Menschen, wie sie sind, z.B. wie sie Irokesen, Russen, Franzosen sind, nicht jede tauglich ist. Denn das Volk fällt in die Geschichte. Aber wie der einzelne Mensch im Staate erzogen, d.h. er als Einzelheit in die Allgemeinheit erhoben wird und aus dem Kinde erst ein Mensch wird, so wird auch jedes Volk erzogen; sein Zustand, worin es Kind ist, oder die Barbarei geht in einen vernünftigen

Zustand über. Und die Menschen bleiben nicht nur, wie sie sind, sondern sie werden anders; ebenso ihre Konstitutionen. Und es ist hier die Frage, welches die wahrhafte ist, der das Volk zugehen muss, – wie die Frage ist, welches die wahre Wissenschaft der Mathematik oder jede andere ist; aber nicht, als ob Kinder oder Knaben jetzt diese Wissenschaft besitzen sollten, sondern dass sie so erzogen werden, dass sie dieser Wissenschaft fähig werden. So steht dem geschichtlichen Volke die wahre Konstitution bevor, so dass es ihr zugeht. Jedes Volk muss mit dem Fortgange der Zeit solche Veränderungen mit seiner vorhandenen Konstitution machen, welche sie der wahren immer näher bringen. Sein Geist tritt selbst seine Kinderschuhe aus; und die Konstitution ist das Bewusstsein über das, was er an sich ist, – die Form der Wahrheit, des Wissens von sich.*GPh*

Napoleon hat z. B. den Spaniern eine Verfassung a priori geben wollen, was aber schlecht genug ging. Denn eine Verfassung ist kein bloß Gemachtes: sie ist die Arbeit von Jahrhunderten, die Idee und das Bewusstsein des Vernünftigen, inwieweit es in einem Volk entwickelt ist. Keine Verfassung wird daher bloß von Subjekten geschaffen. Was Napoleon den Spaniern gab, war vernünftiger, als was sie früher hatten, und doch stießen sie es zurück als ein ihnen Fremdes, da sie noch nicht bis dahinauf gebildet waren. Das Volk muss zu seiner Verfassung das Gefühl seines Rechts und seines Zustandes haben, sonst kann sie zwar äußerlich vorhanden sein, aber sie hat keine Bedeutung und keinen Wert.*GPhR*

Die Monarchen zeichnen sich nicht gerade durch körperliche Kräfte oder durch Geist aus, und doch lassen sich Millionen von ihnen beherrschen. Wenn man nun sagt, die Menschen ließen sich wider ihre Interessen, Zwecke, Absichten regieren, so ist dies ungereimt, denn so dumm sind die Menschen nicht: es ist ihr Bedürfnis, es ist die innere Macht der Idee, die sie selbst gegen ihr anscheinendes Bewusstsein dazu nötigt und in diesem Verhältnis erhält. Wenn so der Monarch als Spitze und Teil der Verfassung auftritt, so muss man sagen, dass ein erobertes Volk nicht in der Verfassung identisch mit dem Fürsten ist. Wenn in einer im Kriege eroberten Provinz ein Aufstand geschieht, so ist dies etwas anderes als eine Empörung in einem wohlorganisierten Staat. Die Eroberten sind nicht im Aufstande gegen ihren Fürsten, sie begehen kein Staatsverbrechen, denn sie sind mit dem Herrn nicht im Zusammenhang der Idee, nicht in der inneren Notwendigkeit der Verfassung, – es ist nur ein Kontrakt, kein Staatsverband vorhanden. ‚Je ne suis pas votre prince, je suis votre maître‘, erwiderte Napoleon den Erfurter Abgeordneten.[GPhR]

Die Weltgeschichte fängt mit ihrem allgemeinen Zwecke, dass der Begriff des Geistes befriedigt werde, nur *an sich* an, d.h. als Natur; er ist der innere, der innerste bewusstlose Trieb, und das ganze Geschäft der Weltgeschichte ist, wie schon überhaupt erinnert, die Arbeit, ihn zum Bewusstsein zu bringen. So in Gestalt des Naturwesens, des Naturwillens auftretend, ist das, was die subjektive Seite genannt worden ist, das Bedürfnis, der Trieb, die Leidenschaft, das partikuläre

Interesse, wie die Meinung und subjektive Vorstellung sogleich für sich selbst vorhanden. Diese unermessliche Masse von Wollen, Interessen und Tätigkeiten sind die Werkzeuge und Mittel des Weltgeistes, seinen Zweck zu vollbringen, ihn zum Bewusstsein zu erheben und zu verwirklichen; und dieser ist nur, sich zu finden, zu sich selbst zu kommen und sich als Wirklichkeit anzuschauen. Dass aber jene Lebendigkeiten der Individuen und der Völker, indem sie das Ihrige suchen und befriedigen, zugleich die Mittel und Werkzeuge eines Höheren und Weiteren sind, von dem sie nichts wissen, das sie bewusstlos vollbringen, das ist es, was zur Frage gemacht werden könnte, auch gemacht worden, und was ebenso vielfältig geleugnet wie als Träumerei und Philosophie verschrien und verachtet worden ist.[PhG]

Männer und Frauen

Herzensworte –
Ehepflichten – Andere Lieben

Bekanntlich tut sich Hegel zeitlebens recht schwer mit den Frauen. Er ist nicht gerade der galanteste. Dass er nachgerade stoffelig sein kann, darf Therese Devrient, die Frau des Schauspielers Eduard Devrient, erfahren, als sie bei einem Abendessen zwischen dem charmanten Felix Mendelssohn und einem Unbekannten platziert wird. „Felix war in sprudelnder Laune", berichtet sie, „wir schwatzten und lachten viel miteinander, so dass ich den mit der Schüssel wartenden Diener nicht bemerkte, bis mein Nachbar zur Linken mich bat, mir vorlegen zu dürfen. Ebenso wollte er mich fortwährend überreden, Wein zu trinken und mir einzuschenken, was ich verweigerte, bis die Gesundheit der Künstler ausgebracht wurde, an deren Anteil, wie er affektiert flüsterte, ich mich nicht ausschließen dürfe, worauf er sehr feierlich mit mir anstieß. Meinen weiten Spitzenärmel hielt er krampfhaft fest, ‚um ihn zu schützen!', wie er behauptete, indem er sich angelegentlich zu mir bog; kurz, er belästigte mich so mit seiner Galanterie, dass ich mich zu Felix hinneigend fragte: ‚Sagen Sie mir doch, wer ist der dumme Kerl hier neben mir'. Felix hielt einen Augenblick sein Taschentuch vor den Mund, dann flüsterte er: ‚Der dumme Kerl neben Ihnen ist der berühmte Philosoph Hegel'."

Als junger Mann begeistert er sich an sentimentaler Lektüre, worüber später sein Antipode Arthur

Schopenhauer mit viel Häme spotten wird. Immerhin unterhält sich der junge Hegel mit dem „Anschauen schöner Mädchen". Ganz Kind seiner Zeit, idealisiert er die Frauen – und siedelt sie doch am Rande seiner Welt an. „Wie's innen treibt und drängt / Zum Herz hinüber", spürt er wohl, fasst seine Gefühl zu seiner Braut jedoch in schlichte – manche meinen: schlechte – Verse. In der Theorie lobt er die Sinnlichkeit und geißelt die Prüderie, seiner Braut Marie Tucher aber, die mehr als zwanzig Jahre jünger ist als er, eröffnet er den Blick auf eine eher triste Zukunft: „die Ehe ist wesentlich religiöses Band", zusammengehalten wird es von „Religion und Pflichtgefühl". Was Hegel über Mutterschaft und mütterliche Liebe notiert, atmet den Geist seiner sentimentalen Jugendlektüren. Und was er über die Selbstlosigkeit schwesterlicher Gefühle sagt, spiegelt das lange Zeit hindurch enge Verhältnis zu seiner Schwester wider, die später schwer erkrankt und kurz nach ihrem Bruder in geistiger Umnachtung stirbt.

Hegel spürt: Sein Problem mit dem Phänomen Frau wird er nicht lösen. Trost findet er allein in der Antike, deren Knabenliebe ihm als „edle Verschmähung des Weibes" erscheint. So bleibt er ein im Ganzen Ratloser, ein Suchender. Wohin mit seinen Gefühlen? Er weiß es nicht. „Dies bleibt die Seite der Kälte", schreibt er über die Liebe bei den Griechen, „die bei aller Hitze der Leidenschaft in ihrer Darstellung uns durchdringt." Ob er damit auch von sich selber spricht? Dass Frauen gesellschaftliche oder politische Macht haben, das gehört zu den Ideen, die er sicherheitshalber in die Fernen der zeitgenössischen Ethnographie verbannt. Wir sind doch nicht in Dahomey!

Herzensworte

Am 1. Januar 1787

Den Nachmittag wollte ich nur einiges in Sophiens Reise lesen, ich konnte mich aber nimmer davon losreißen bis an den Abend, wo ich in das Konzert ging. Es ist nämlich gewöhnlich, dass alle Neujahr Deputierte von Esslingen dem Herzog unter dem Titel Schutzgeld 100 Dukaten überreichen, worauf denn allemal in der Akademie ein Konzert veranstaltet wird. Von diesem konnte man zwar wegen dem Getöse der vielen Zuhörer wenig hören, allein die Zeit wurde mir doch sehr angenehm verkürzt, indem ich da gute Freunde sprach, die ich schon lange nimmer gesehen hatte. Das Anschauen schöner Mädchen trug zu unserer Unterhaltung auch nicht wenig bei.[FS]

Es ist die Feigheit des abstrakten Gedankens, die sinnliche Gegenwart mönchischerweise zu scheuen; die moderne Abstraktion hat diese ekle Vornehmigkeit gegen das Moment der sinnlichen Gegenwart.

An die Individuen in der Gemeinde ist nun die Forderung gestellt, die *göttliche Idee in der Weise der Einzelheit zu verehren und sich anzueignen.* Für das weiche, liebende Gemüt, das Weib, ist das leicht; aber die andere Seite ist selbst, dass das Subjekt, an welches diese Zumutung der Liebe geschieht, in *unendlicher Freiheit ist* und die Substantialität seines Selbstbewusstseins erfasst hat; für den *selbständigen Begriff,* den Mann, ist daher jene Zumutung unendlich hart. Gegen diese Vereinigung, ein einzelnes sinnliches Individuum für Gott zu verehren, empört sich die Freiheit des Subjekts.[PhR]

An Marie
den 17 April 1811

Du mein! solch Herz darf mein ich nennen,
    In Deinem Blick
Der Liebe Wiederblick erkennen,
    O Wonne, o höchstes Glück!

Wie ich Dich lieb', ich darf's jetzt sagen;
    Was in gepresster Brust
So lang geheim entgegen Dir geschlagen,
    Es werd', ich darf nun, laute Lust!

Doch armes Wort, der Lieb' Entzücken,
    Wie's innen treibt und drängt
Zum Herz hinüber, auszudrücken
    Ist Deine Kraft beschränkt.

Ich könnte, Nachtigall, Dich neiden
    Um Deiner Kehle Macht,
Doch hat Natur die Sprache nur der Leiden
    Missgünstig so beredt gemacht!

Doch wenn durch Rede sie dem Munde
    Der Liebe Seligkeit
Nicht auszudrücken gab, zum Bunde
    Der Liebenden verleiht

Sie ihm ein innigeres Zeichen;
    Der Kuss die tiefre Sprache ist,
Darin die Seelen sich erreichen,
    Mein Herz in Deins hinüberfließt.[B]

Die Kollisionen der Liebe (behalten), besonders wenn
dieselbe substantiellen Interessen kämpfend gegenüber-
gestellt wird, immer eine Seite der Zufälligkeit und
Berechtigungslosigkeit, weil es die Subjektivität als solche ist, welche sich mit ihren nicht an und für sich gül-
tigen Forderungen dem entgegensetzt, was um seiner
eigenen Wesentlichkeit willen auf Anerkennung Anspruch zu machen hat.[Ä]

Ehepflichten

An Marie Tucher
Nürnberg, im Sommer 1811
Liebe Marie!
Ich habe beinahe die ganze Nacht hindurch an Dich in
Gedanken geschrieben! ... Es ging notwendig um den
ganzen Gedanken: werden wir uns denn unglücklich
machen? – Es rief aus den Tiefen meiner Seele: Dies
kann, dies soll und darf nicht sein! – Es wird nicht
sein!

   Aber was ich längst zu Dir sagte, stellt sich mir als
Resultat dar, die Ehe ist wesentlich religiöses Band;
die Liebe hat zu ihrer Ergänzung noch ein höheres
Moment nötig, als sie an sich selbst und für sich allein
ist. Was vollkommene Befriedigung, ganz glücklich
sein heißt, vollendet nur die Religion und das Pflichtgefühl, denn nur darin treten alle Besonderungen des
zeitlichen Selbst auf die Seite, die in der Wirklichkeit
Störung machen könnten, welche ein Unvollkomme-
nes bleibt und nicht als das Letzte genommen werden
kann, aber in der das liegen sollte, was Erdenglück genannt wird.

Ich habe den Brouillon der Zeilen vor mir liegen, die ich Deinem Brief an meine Schwester beisetzte. ... Hatten wir am Abend vorher nicht bestimmt davon gesprochen oder es ausgemacht, dass wir es Zufriedenheit heißen wollen, was wir miteinander zu erreichen gewiss seien; und: „Es gibt eine selige Zufriedenheit, die, ohne Täuschung betrachtet, mehr ist als alles, was glücklich sein heißt."[B]

An den höheren Verhältnissen der Ehe, Liebe, Religion, des Staats können nur die Seiten Gegenstand der Gesetzgebung werden, die ihrer Natur nach fähig sind, die Äußerlichkeit an sich zu haben. Indessen macht hierbei die Gesetzgebung verschiedener Völker einen großen Unterschied. Bei den Chinesen ist es z. B. Staatsgesetz, dass der Mann seine erste Frau mehr lieben soll als die anderen Weiber, die er hat. Wird er überführt, das Gegenteil getan zu haben, so bestraft man ihn mit Prügeln.[GPhR]

Die Ungleichheit überhaupt der Dauer der Begierde und das Vermögen des Mannes gegen die Reize, Fruchtbarkeit und Gesundheit der Frau ist bei der Heiligkeit der Ehe unter den Europäern ein Missverhältnis, das immer einen stummen Kampf, innerlichen Zwist und das Übel der Ausschweifung unter einem Volk erhält.[JS]

Im Süden tritt die Individualität unbefangen in ihrer Einzelheit hervor. Dies gilt besonders von den *Italienern*; da will der individuelle Charakter nicht anders sein, als er eben ist; allgemeine Zwecke stören seine Unbefangenheit nicht. Solcher Charakter ist der weiblichen Natur gemäßer als der männlichen. Die italienische Individualität hat sich daher als weibliche Individualität zu ihrer höchsten Schönheit ausgebildet; nicht selten sind italienische Frauen und Mädchen, die in der Liebe unglücklich waren, in *einem* Augenblick vor Schmerz gestorben, – so sehr war ihre ganze Natur in das individuelle Verhältnis eingegangen, dessen Bruch sie vernichtete. Mit dieser Unbefangenheit der Individualität hängt auch das starke Gebärdenspiel der Italiener zusammen; ihr Geist ergießt sich ohne Rückhalt in seine Leiblichkeit.[En]

Die zwei, Mann und Weib, werden eins sein; so dass sie nun nicht mehr zwei sind; was *also* Gott vereinigt hat, soll der Mensch nicht trennen; sollte sich diese Vereinigung nur auf die ursprüngliche Bestimmung des Mannes und des Weibs füreinander beziehen, so passte dieser Grund nicht gegen Scheidung der Ehe, denn durch die Scheidung wird jene Bestimmung, die Vereinigung des Begriffs nicht aufgehoben, welcher bliebe, wenn auch eine lebendige Vereinigung zertrennt wird; von einer solchen ist gesagt, dass sie eine Wirkung Gottes, ein Göttliches ist.[FS]

Besonders in weiblichen Charakteren ist die Liebe am schönsten, denn ihnen ist diese Hingebung, diese Aufgebung der höchste Punkt, indem sie das ganze geistige und wirkliche Leben zu dieser Empfindung zusammenziehen und ausbreiten, in ihr allein einen Halt des Daseins finden und, streift ein Unglück darüber hin, wie ein Licht schwinden, das durch den ersten rauhen Hauch auslöscht. – In dieser subjektiven Innigkeit der Empfindung kommt die Liebe in der klassischen Kunst nicht vor und tritt überhaupt nur als ein für die Darstellung untergeordnetes Moment oder nur nach der Seite des sinnlichen Genusses auf. Im Homer wird entweder kein großes Gewicht darauf gelegt, oder die Liebe erscheint in ihrer würdigsten Gestalt, als Ehe in dem Kreise der Häuslichkeit, wie in der Gestalt der Penelope, als Besorgnis der Gattin und Mutter, wie in Andromache, oder sonst in sittlichen Verhältnissen. Das Band dagegen, welches Paris an Helena knüpft, ist als unsittlich anerkannt und die Ursache der Schrecken und der Not des Trojanischen Krieges; und die Liebe des Achill zur Briseïs hat wenig Tiefe der Empfindung und Innerlichkeit, denn Briseïs ist eine Sklavin, die dem Helden zu Willen ist. In den Oden der Sappho steigert sich zwar die Sprache der Liebe zu lyrischer Begeisterung, doch ist es mehr die schleichende, verzehrende Glut des Blutes, welche sich ausdrückt, als die Innigkeit des subjektiven Herzens und Gemüts.[Ä]

Die Mutterliebe ... hat ohne alle Gleichheit des Zwecks und der Interessen einen unmittelbaren Halt in dem natürlichen Zusammenhange. Hier aber ist die Liebe der Mutter auf diese Naturseite ebensowenig beschränkt. Maria hat in dem Kinde, das sie unter ihrem Herzen getragen, das sie mit Schmerzen geboren, das vollkommene Wissen und Empfinden ihrer selbst; und dasselbe Kind, das Blut ihres Blutes, steht ebenso wieder hoch über ihr, und dennoch gehört dies Höhere ihr an und ist das Objekt, in dem sie sich selbst vergisst und erhält. Die Naturinnigkeit der Mutterliebe ist durchaus vergeistigt, sie hat das Göttliche zu ihrem eigentlichen Gehalt, aber dies Geistige bleibt leise und unbewusst, von natürlicher Einheit und menschlicher Empfindung wunderbar durchzogen. Es ist die selige *Mutterliebe*, und nur der *einen* Mutter, die ursprünglich in diesem Glücke ist. Zwar ist auch diese Liebe nicht ohne Schmerz, aber der Schmerz ist nur die Trauer des Verlustes, die Klage über den leidenden, sterbenden, gestorbenen Sohn und wird nicht, wie wir auf einer späteren Stufe sehen werden, zur Ungerechtigkeit und Marter von außen oder zum unendlichen Kampf der Sünde, zum Quälen und Peinigen durch sich selbst. Solche Innigkeit ist hier die geistige Schönheit, das Ideal, die menschliche Identifikation des Menschen mit Gott, dem Geist, der Wahrheit: ein reines Vergessen, ein volles Aufgeben seiner selbst, das in diesem Vergessen dennoch von Hause aus eins ist mit dem, in den es sich versenkt, und dieses Einssein nun in seliger Befriedigung fühlt.$^{\ddot{A}}$

So kommt denn die religiöse Liebe in ihrer vollsten und innigsten menschlichen Form nicht in dem leidenden und erstandenen oder unter seinen Freunden weilenden Christus, sondern in der weiblichen empfindenden Natur, in Maria zur Anschauung. Ihr ganzes Gemüt und Dasein überhaupt ist menschliche Liebe zu dem Kinde, das sie das ihre nennt, und zugleich Verehrung, Anbetung, Liebe zu Gott, mit dem sie sich eins empfindet. Sie ist demütig vor Gott und doch in dem unendlichen Gefühl, die Eine zu sein, die vor allen anderen Jungfrauen die gebenedeite ist; sie ist nicht selbständig für sich, sondern erst in ihrem Kinde, in Gott vollendet, aber in ihm, sei es an der Krippe, sei es als Himmelskönigin, befriedigt und beseligt, ohne Leidenschaft und Sehnsucht, ohne weiteres Bedürfnis, ohne anderen Zweck, als zu haben und zu halten, was sie hat.[Ä]

Andere Lieben

Sie (Geschwister) sind dasselbe Blut, das aber in ihnen in seine *Ruhe* und *Gleichgewicht* gekommen ist. Sie begehren daher einander nicht, noch haben sie dies Fürsichsein eines dem anderen gegeben noch empfangen, sondern sie sind freie Individualität gegeneinander. Das Weibliche hat daher als Schwester die höchste *Ahnung* des sittlichen Wesens; zum *Bewusstsein* und der Wirklichkeit desselben kommt es nicht, weil das Gesetz der Familie das *ansich*seiende, *innerliche* Wesen ist, das nicht am Tage des Bewusstseins liegt, sondern innerliches Gefühl und das der Wirklichkeit enthobene Göttliche bleibt. An diese Penaten ist das Weibliche geknüpft, welches in ihnen teils seine allgemeine Substanz, teils aber seine Einzelheit anschaut, so jedoch, dass diese Beziehung der Einzelheit zugleich nicht die natürliche der Lust sei. – Als *Tochter* muss nun das Weib die Eltern mit natürlicher Bewegung und mit sittlicher Ruhe verschwinden sehen, denn nur auf Unkosten dieses Verhältnisses kommt sie zu dem *Fürsichsein*, dessen sie fähig ist; sie schaut in den Eltern also ihr Fürsichsein nicht auf positive Weise an. – Die Verhältnisse der *Mutter* und der *Frau* aber haben die Einzelheit teils als etwas Natürliches, das der Lust angehört, teils als etwas Negatives, das nur sein Verschwinden darin erblickt; teils ist sie eben darum etwas Zufälliges, das durch eine andere ersetzt werden kann. Im Hause der Sittlichkeit ist es nicht *dieser* Mann, nicht *dieses* Kind, sondern *ein Mann, Kinder überhaupt*, – nicht die Empfindung, sondern das Allgemeine, worauf sich diese Verhältnisse des Weibes gründen. Der Unterschied seiner Sittlichkeit von der des Mannes besteht eben darin, dass es in seiner Bestimmung für die Einzelheit und in seiner Lust unmittelbar allgemein und der Einzelheit der Begierde fremd bleibt; dahingegen in dem Manne diese beiden Seiten auseinandertreten, und indem er als Bürger die *selbstbewusste* Kraft der *Allgemeinheit* besitzt, erkauft er sich dadurch das Recht der *Begierde* und erhält sich zugleich die Freiheit von derselben. Indem also in dies Verhältnis der Frau die Einzelheit eingemischt ist, ist seine Sittlichkeit nicht rein; insofern sie aber dies ist, ist die Einzelheit *gleichgültig*, und die Frau entbehrt das Moment, sich als *dieses* Selbst im Anderen zu erkennen. – Der Bruder aber ist der Schwester das ruhige gleiche Wesen überhaupt, ihre Anerkennung in ihm rein und unvermischt mit natürlicher Beziehung; die Gleichgültigkeit der Einzelheit und die sittliche Zufälligkeit derselben ist daher in diesem Verhältnisse nicht vorhanden; sondern das Moment des anerkennenden und anerkannten *einzelnen Selbsts* darf hier sein Recht behaupten, weil es mit dem Gleichgewichte des Blutes und begierdeloser Beziehung verknüpft ist. Der Verlust des Bruders ist daher der Schwester unersetzlich und ihre Pflicht gegen ihn die höchste.*PdG*

Eine ganze Reihe Lokrer erhängte sich um spröder Knaben willen. Die *griechische Knabenliebe* ist noch wenig begriffen. Es liegt eine edle Verschmähung des Weibes darin und deutet darauf, dass ein Gott neu geboren werden sollte.*JS*

Die hohe Tragödie der Alten kennt ... die Leidenschaft der Liebe in ihrer romantischen Bedeutung nicht. Besonders bei Aischylos und Sophokles nimmt sie kein wesentliches Interesse für sich in Anspruch. Denn obschon Antigone dem Haimon zur Gattin bestimmt ist und Haimon sich der Antigone vor seinem Vater annimmt, ja sich sogar, da er sie nicht zu retten imstande ist, ihretwegen tötet, so macht er jedoch vor Kreon nur objektive Verhältnisse und nicht die subjektive Gewalt seiner Leidenschaft, die er auch nicht in dem Sinne eines modernen innigen Liebhabers empfindet, geltend. Als wesentlicheres Pathos behandelt schon Euripides, in der *Phädra* z. B., die Liebe, doch auch hier erscheint sie als eine verbrecherische Abirrung des Bluts, als Leidenschaft der Sinne, auf Anstiften der Venus, welche den Hippolyt verderben will, weil er ihr nicht opfern mag.*Ä*

Die Individuen in der hohen Tragödie der Alten, Agamemnon, Klytämnestra, Orest, Oidipus, Antigone, Kreon usf., haben zwar ... einen individuellen Zweck; aber das Substantielle, das Pathos, das sie als Inhalt ihrer Handlung treibt, ist von absoluter Berechtigung und ebendeshalb auch in sich selbst von allgemeinem Interesse. ... Diese Leiden aber der Liebe, diese zerscheiternden Hoffnungen, dies Verliebtsein überhaupt, diese unendlichen Schmerzen, die ein Liebender empfindet, diese unendliche Glückseligkeit und Seligkeit, die er sich vorstellt, sind kein an sich selbst allgemeines Interesse, sondern etwas, was nur ihn selber angeht. Jeder Mensch zwar hat ein Herz für die Liebe und das Recht, dadurch glücklich zu werden; wenn er aber hier, gerade in diesem Falle, unter den und den Umständen, in betreff gerade auf dieses Mädchen, sein Ziel nicht erreicht, so ist damit kein Unrecht geschehen. Denn es ist nichts in sich Notwendiges, dass er sich gerade auf dieses Mädchen kaprizioniere, und wir sollen uns daher für die höchste Zufälligkeit, für die Willkür der Subjektivität, die keine Ausdehnung und Allgemeinheit hat, interessieren. Dies bleibt die Seite der Kälte, die bei aller Hitze der Leidenschaft in ihrer Darstellung uns durchdringt.[Ä]

In Dahomey ist die Sitte, dass die Neger, wenn sie nicht mehr zufrieden sind, ihrem Könige Papageieneier zuschicken, was ein Zeichen ihres Überdrusses an seiner Regierung ist. Bisweilen wird ihm auch eine Deputation zugefertigt, welche ihm sagt: die Last der Regierung müsse ihn sehr beschwert haben, er möge ein wenig ausruhen. Der König dankt dann den Untertanen, geht in seine Gemächer und lässt sich von den Weibern erdrosseln. In früherer Zeit hat sich ein Weiberstaat besonders durch seine Eroberungen berühmt gemacht: es war ein Staat, an dessen Spitze eine Frau stand. Sie hat ihren eigenen Sohn in einem Mörser zerstoßen, sich mit dem Blute bestrichen und veranstaltet, dass das Blut zerstampfter Kinder stets vorrätig sei. Die Männer hat sie verjagt oder umgebracht und befohlen, alle männlichen Kinder zu töten. Diese Furien zerstörten alles in der Nachbarschaft und waren, weil sie das Land nicht bauten, zu steten Plünderungen getrieben. Die Kriegsgefangenen wurden als Männer gebraucht, die schwangeren Frauen mussten sich außerhalb des Lagers begeben und, hatten sie einen Sohn geboren, diesen entfernen. Dieser berüchtigte Staat hat sich späterhin verloren.[PhG]

Religion

Vom Heidentum zum Christentum –
Religionskritik – Protestantismus –
Das Heiligtum der Wahrheit

Nein, friedlich verlief sie nicht, die Geschichte dieser Religion, zu oft hat das Christentum paktiert mit den Tyrannen und Unterdrückern, mit den Inquisitoren und Hexenverbrennern. Immer wieder hat es sich gemein gemacht mit dem „alle menschliche Lebenskraft aufsaugenden und durch langsames heimliches Gift untergrabenden Despotismus". Auch deshalb schimpft Hegel auf jeden Anflug von religiösem Kitsch: Das falsche Gefühl trübt den Blick. Eine Religion des Gefühls wäre ihm zuwider, und sei es eine des Gefühls der Erlösung: Denn solche hat auch ein Hund, „wenn seinem Hunger durch einen Knochen Befriedigung wird." Der Mensch aber ist kein Tier.

Will Hegel also eine Religion des Verstandes aufbauen, will er Glauben durch Wissen ersetzen? Nur „der freie Geist", so glaubt er, kann überhaupt religiös sein. Geistige Freiheit wird zur Voraussetzung jeder religiösen Empfindung. Diese Religion aber steht auf einem Fundament aus Kritik: Widerspruch gegen künstliche Dummheit, Ekel vor der Hybris des Seufzens, Widerstand gegen falsche Frömmigkeit. Nur wer seinen Verstand benutzt, ist gefeit vor Täuschung und Wahn. Religion ist nichts dem Menschen Fernes, sondern gerade das „Heiligtum der Wahrheit selbst"; allein in ihm kann der Mensch die Täuschung der sinnlichen Welt überwinden.

Natürlich schreibt Hegel all dies als selbstbewusster Protestant. Mit Lust grenzt er sich ab vom Katholizismus; besonders seine polemischen Überlegungen zu den Hostien haben es in sich. Dabei scheint es manchmal, als suche Hegel in der Region des Geistes gezielt nach der mystischen Rückseite des Denkens: „Der Geist zeugt sich selbst und erst im Zeugnis; er ist nur, indem er sich zeugt, sich bezeugt und sich zeigt, sich manifestiert." Am Anfang des Weges zur geistigen Klarheit steht die Arbeit des Denkens.

Vom Heidentum zum Christentum

Hölty: Was ist der Mensch? – A rechter Uchse!
Die Ägypter: Was ist der Gott? – A rechter Uchse.[BS]

Vermittelte Zauberei ist zu jeder Zeit bei allen Völkern vorhanden. Auch die sympathetischen Mittel gehören hierher; sie sind eine Veranstaltung, die eine Wirkung an etwas ganz anderem hervorbringen soll. Das Subjekt hat die Mittel in der Hand und nur die Absicht, den Zweck, dies hervorzubringen. Ich ist das Zaubernde; aber *durch das Ding selbst* besiegt es das Ding. In der Zauberei zeigen sich die Dinge als ideelle. Die Idealität ist also eine Bestimmung, die ihnen als Dingen zukommt; sie ist eine *objektive Qualität*, welche eben durch das Zaubern zum Bewusstsein kommt und nur selbst gesetzt, benutzt wird. Die Begierde greift die Dinge unmittelbar an. Jetzt aber reflektiert das Bewusstsein sich in sich selbst und schiebt zwischen sich und das Ding das Ding selbst ein als das Zerstörende, indem es sich dadurch als die List zeigt, nicht selbst in die Dinge und ihren Kampf sich einzulassen. Die Veränderung, welche hervorgebracht werden soll, kann einerseits *in der Natur des Mittels* liegen; die Hauptsache ist aber *der Wille des Subjekts.*[PhR]

Gott selbst ist tot; die höchste Verzweiflung der völligen Gottverlassenheit.[JS]

Die griechische und römische Religion war nur eine Religion für freie Völker, und mit dem Verlust der Freiheit muss auch der Sinn, die Kraft derselben, ihre Angemessenheit für die Menschen verlorengehen. Was sollen einer Armee Kanonen, die ihre Ammunition verschossen hat? Sie muss andere Waffen suchen. Was sollen dem Fischer Netze, wenn der Strom vertrocknet ist?[FS]

Die christliche Religion war unter den römischen Kaisern nicht fähig, dem Verfall jeder Tugend, der Unterdrückung der Freiheit und der Rechte der Römer, der Tyrannei und Grausamkeit der Regenten, dem Verfall des Genius und aller schönen Künste – aller gründlichen Wissenschaften einen Damm entgegenzusetzen – dem gesunkenen Mut, jedem verdorrten Zweige von Nationaltugend und Nationalglückseligkeit Leben wieder zu geben – sondern von dieser allgemeinen Pest selbst angefressen, vergiftet, und in dieser verzerrten Gestalt mit ihren Dienern ein Werkzeug des Despotismus, brachte sie den Verfall der Künste und Wissenschaften – die leidende Geduld bei Zertretung jeder schönen Blüte der Menschlichkeit, der Humanität und Freiheit – den Gehorsam gegen den Despoten in ein System, eine Advokatin und die feurigste Lobpreiserin der himmelschreienden Verbrechen des Despotismus und, was noch ärger ist als solche einzelnen Verbrechen, des alle menschliche Lebenskraft aufsaugenden und durch langsames heimliches Gift untergrabenden Despotismus.[FS]

Religionskritik

In Schwaben sagt man von etwas längst Geschehenem: es ist schon so lange, dass es bald nicht mehr wahr ist. So ist Christus schon so lange für unsere Sünden gestorben, dass es bald nicht mehr wahr ist.[JS]

Was sind auch fünfzig bis achtzig Jahre ..., die gegen die grenzenlose Ewigkeit, die ganze Dauer unserer Existenz nur ein Augenblick sind? Wer sollte in sechzig Jahren einen Augenblick die fürchterliche Alternative: ewige Seligkeit oder ewige Verdammnis, vergessen können? Wer sollte gegen die immer neu erwachende Furcht der Unwürdigkeit zur ersteren nicht hinfliehen zu den Gnadenmitteln, angeboten von eben der Lehre, die uns mit diesen Schrecken bekannt macht? wer sollte nicht auf den Augenblick dieser fürchterlichen Katastrophe (warten), wo er nicht nur Abschied nimmt von allem, was ihm irgend teuer war, sondern wo er in wenigen Stunden oder Minuten nimmer den Glanz dieser Sonne, aber des Richterthrones wird schimmern sehen, vor welchem sein Schicksal jetzt auf Ewigkeit entschieden wird? wer sollte nicht für diesen Augenblick der bangen Erwartung alle Waffen des Trostes um sich her versammeln? Wer sollte wenigstens nicht da noch in Eile wie einer, der plötzlich eine Reise unternehmen (muss), auf die er nicht Zeit hatte sich vorzubereiten, noch von geistlichem Geräte zusammenpacken, soviel als es die Zeit und seine Krankheit erlaubt? Daher sehen wir die Betten der Kranken von Geistlichen und Freunden umringt, die der beklommenen Seele des Sterbenden die gedruckten und vorgeschriebenen Seufzer vorächzen; daher hören wir, dass bei allen Erinnerungen und Ermahnungen den Beschluss der Refrain macht: *memento mori*; die mächtigsten aller Beweggründe zu handeln werden jenseits des Grabes hergeholt, schön oder fromm sterben (zu können), noch Besinnung genug zu haben, der in der Schule mit Schweiß erlernten Sprüche und Reime sich jetzt wieder erinnern und sie und anderes sagen zu können.[FS]

Geht jedoch die Frömmigkeit so weit, dass wir sie bis zur Gewaltsamkeit gegen das in sich selbst Vernünftige und Sittliche gesteigert sehen, so können wir mit solchem Fanatismus der Heiligkeit nicht nur nicht sympathisieren, sondern diese Art des Entsagens muss uns sogar, da sie das von sich abweist, zertrümmert und zertritt, was an und für sich berechtigt und geheiligt ist, als unsittlich und der Religiosität widerstreitend erscheinen. – Von dieser Art gibt es viele Legenden, Geschichten und Dichtungen. Zum Beispiel die Erzählung von einem Manne, der voll Liebe für sein Weib und seine Familie und von allen den Seinigen wiedergeliebt sein Haus verlässt, umherpilgert und, als er endlich in Bettlergestalt zurückkehrt, sich nicht entdeckt; es werden ihm Almosen gereicht, unter der Treppe ein Plätzchen ihm aus Mitleiden zum Aufenthalt angewiesen; so lebt er ein zwanzig Jahre lang in seinem Hause, sieht den Kummer seiner Familie um ihn mit an, und erst im Sterben gibt er sich zu erkennen. – Es ist dies ein grässlicher Eigensinn des Fanatismus, den wir als Heiligkeit verehren sollen. Diese Ausdauer der Entsagung kann an das Abstruse der Peinigungen erinnern, welche sich die Inder gleichfalls freiwillig zu religiösen Zwecken auferlegen. Doch haben die Duldungen der Inder einen ganz anderen Charakter. Dort nämlich versetzt sich der Mensch in Stumpfheit und Bewusstlosigkeit, hier aber ist der *Schmerz* und das absichtliche Bewusstsein und die Empfindung des Schmerzes der eigentliche Zweck, der sich um so reiner zu erreichen meint, je mehr das Leiden mit dem Bewusstsein des Werts und der Liebe zu dem aufgegebenen Verhältnisse und mit der fortwährenden Anschauung des Entsagens verbunden ist. Je reicher das Herz, das sich solche Prüfungen aufbürdet, ist, je mehr edlen Besitz es in sich trägt und doch diesen Besitz als nichtig zu verdammen und als Sünde zu stempeln sich gedrungen glaubt, desto härter ist die Versöhnungslosigkeit und kann die furchtbarsten Krämpfe und den rasendsten Zwiespalt erzeugen. Ja, unserer Anschauung nach muss uns ein solches Gemüt ... in seinen selbsterzeugten Leiden wie in seiner Ergebung als verrückt erscheinen, so dass wir weder Mitleiden dafür empfinden noch Erhebung daraus schöpfen können. Dergleichen Handlungen fehlt ein inhaltsvoller, gültiger Zweck, denn was sie erreichen, ist nur ganz subjektiv, ein Zweck des einzelnen Menschen für sich selber, für das Heil *seiner* Seele, für *seine* Seligkeit. Es liegt aber eben wenigen viel daran, ob gerade dieser eine selig werde oder nicht.[Ä]

Soll das Gefühl die Grundbestimmung des Wesens des Menschen ausmachen, so ist er dem Tiere gleichgesetzt, denn das Eigene des Tieres ist es, das, was seine Bestimmung ist, in dem Gefühle zu haben und dem Gefühle gemäß zu leben. Gründet sich die Religion im Menschen nur auf ein Gefühl, so hat solches richtig keine weitere Bestimmung, als das *Gefühl seiner Abhängigkeit* zu sein, und so wäre der Hund der beste Christ, denn er trägt dieses am stärksten in sich und lebt vornehmlich in diesem Gefühle. Auch Erlösungsgefühle hat der Hund, wenn seinem Hunger durch einen Knochen Befriedigung wird. Der Geist hat aber in der Religion vielmehr seine Befreiung und das Gefühl seiner göttlichen Freiheit; nur der freie Geist hat Religion und kann Religion haben; was gebunden wird in der Religion, ist das natürliche Gefühl des Herzens, die besondere Subjektivität; was in ihr frei wird und eben damit wird, ist der Geist.[BS]

Das aufgegangene Bewusstsein der Subjektivität des Menschen, der Innerlichkeit seines Wollens hat den Glauben an das *Böse*, als eine ungeheure Macht der Weltlichkeit, mitgebracht. Dieser Glaube ist dem Ablass parallel: so wie man sich für den Preis des Geldes die ewige Seligkeit erkaufen konnte, so glaubte man nun, man könne für den Preis seiner Seligkeit durch einen mit dem Teufel gemachten Bund sich die Reichtümer der Welt und die Macht für seine Begierden und Leidenschaften erkaufen. So ist jene berühmte Geschichte von *Faust* entstanden, der sich aus Überdruss der theoretischen Wissenschaft in die Welt gestürzt und mit Verlust seiner Seligkeit alle Herrlichkeit derselben erkauft habe. Faust hätte dafür, nach dem Dichter, die Herrlichkeit der Welt genossen; aber jene armen Weiber, die man *Hexen* nannte, sollten nur die Befriedigung einer kleinen Rache an ihrer Nachbarin gehabt haben, wenn sie der Kuh die Milch versetzten oder das Kind krank machten. Man hat aber gegen sie nicht die Größe des Schadens beim Verderben der Milch oder Krankwerden des Kindes usf. in Anschlag gebracht, sondern hat abstrakt die Macht des Bösen in ihnen verfolgt. So sind denn in dem Glauben an diese abgetrennte, besondere Macht der Weltlichkeit, an den Teufel und dessen List in den katholischen sowohl wie in den protestantischen Ländern eine unendliche Menge von *Hexenprozessen* eingeleitet worden. Man konnte den Angeklagten ihre Schuld nicht beweisen, man hatte sie nur in *Verdacht*: es war somit nur ein unmittelbares Wissen, worauf sich diese Wut gegen das Böse gründete.^{PhG}

Protestantismus

Die Religion baut im Herzen des Individuums ihre Tempel und Altäre, und Seufzer und Gebete suchen den Gott, dessen Anschauung es sich versagt, weil die Gefahr des Verstandes vorhanden ist, welcher das Angeschaute als Ding, den Hain als Hölzer erkennen würde.^{JS}

Das Prinzip der inneren Versöhnung des Geistes war an sich die Idee des Christentums, aber selbst wieder entfernt, nur äußerlich, als Zerrissenheit, unversöhnt. Wir sehen die Langsamkeit des Weltgeistes, diese Äußerlichkeit zu überwinden. Er höhlt das Innere aus, – der Schein, die äußere Gestalt bleibt noch; aber zuletzt ist sie eine leere Hülse, die neue Gestalt bricht hervor. In solchen Zeiten erscheint dann der Geist, als ob er, der vorher einen Schneckengang in seiner Entwicklung, Rückschritte getan, sich von sich entfernt hätte, die Siebenmeilenstiefel angelegt habe. Der Mensch hat Zutrauen zu sich selbst, zu seinem Denken als Denken, zu seinem Wahrnehmen, zu der sinnlichen Natur außer und in ihm gewonnen; er hat Interesse, Freude gefunden, Entdeckungen zu machen in Künsten, Natur. … Mit der Erfindung des Schießpulvers verlor sich der einzelne Zorn des Kampfs. Der romantische Trieb der zufälligen Tapferkeit ging auf andere Abenteuer, nicht des Hasses, der Eigenrache, der sogenannten Rettung dessen, was man für Unschuld und Urrecht hielt, – auf harmlosere Abenteuer, Bekanntschaft mit der Erde, Entdeckung des Weges nach Ostindien. Der Mensch hat Amerika entdeckt, seine Schätze und Völker, – die Natur, sich selbst; die Schifffahrt war die höhere Romantik des Handels. Die vorhandene Welt war wieder vorhanden als des Interesses des Geistes würdig; der denkende Geist vermochte wieder etwas. Und dann musste die Reformation Luthers eintreten, – Berufung auf den sensus communis statt Kirchenväter und Aristoteles, nicht auf Autorität; sondern es ist innerer eigener Geist, der beseelende, beseeligende gegen die Werke.[GPh]

Die Hostie gilt einerseits, als Hostie, als gegenständlich, für das Göttliche; andererseits ist sie der Gestalt nach ein ungeistiges, äußerliches Ding. Das ist aber der tiefste Punkt der *Äußerlichkeit* in der Kirche; denn vor dem Ding in dieser vollkommenen Äußerlichkeit muss das Knie gebeugt werden, nicht sofern es Gegenstand des Genusses ist.

Luther hat diese Weise verändert; er hat den mystischen Punkt beibehalten in dem, was das Abendmahl genannt wird, dass das Subjekt in sich empfängt das Göttliche, – aber dass es nur insofern göttlich ist, als es genossen wird im Glauben, insofern es im Glauben und im Genuss aufhört, ein äußerliches Ding zu sein. Dieser Glaube und Genuss ist erst die subjektive Geistigkeit; und sofern es in dieser ist, ist es geistig, nicht indes es ein äußerliches Ding bleibt. In der Kirche des Mittelalters, in der katholischen Kirche überhaupt ist die Hostie auch verehrt als äußerliches Ding, so dass, wenn eine Maus eine Hostie frisst, sie und ihre Exkremente zu verehren sind; da hat denn das Göttliche vollkommen die Gestalt der Äußerlichkeit.*GPh*

In der christlichen Religion sehen wir zuerst das Denken unselbständig sich mit der Gestalt dieser Religion in Verbindung setzen und sich innerhalb derselben bewegen, d. h. sie zugrunde legen und von der absoluten Voraussetzung der christlichen Lehre ausgehen. Später sehen wir den Gegensatz von sogenanntem Glauben und sogenannter Vernunft, nachdem dem Denken die Fittiche erstarkt sind; – der junge Adler fliegt für sich zur Sonne der Wahrheit auf; aber noch als Raubtier gegen die Religion gewendet, bekämpft er sie. Das

Späteste ist, dass die Philosophie dem Inhalt der Religion durch den spekulativen Begriff, d. i. vor dem Gedanken selbst, Gerechtigkeit widerfahren lasse; dafür muss der Begriff sich konkret erfasst haben, zur konkreten Geistigkeit durchgedrungen sein. Dies muss der Standpunkt der Philosophie der jetzigen Zeit sein; sie ist innerhalb des Christentums entstanden und kann keinen anderen Inhalt als der Weltgeist selber haben; wenn er sich in der Philosophie begreift, so begreift er sich auch in jener Gestalt, die vorher ihr feindselig war.[GPh]

Der tätige, subjektive Geist, der den göttlichen Geist vernimmt – und insofern er den göttlichen Geist vernimmt –, ist der göttliche Geist selber. Dieses Verhalten des Geistes nur zu sich selbst ist die absolute Bestimmung; der göttliche Geist lebt in seiner Gemeinde, ist darin gegenwärtig. Dies Vernehmen ist Glaube genannt worden. Das ist nicht historischer Glaube. Wir Lutheraner – ich bin es und will es bleiben – haben nur jenen ursprünglichen Glauben. Diese Einheit ist nicht die spinozistische Substanz, sondern die wissende Substanz im Selbstbewusstsein, welches sich verunendlicht und zur Allgemeinheit verhält. Das Gerede von den Schranken des menschlichen Denkens ist seicht; Gott zu erkennen, ist der einzige Zweck der Religion. Das Zeugnis des Geistes vom Inhalt der Religion ist Religiosität selbst; es ist Zeugnis, das bezeugt; dieses ist zugleich Zeugen. Der Geist zeugt sich selbst und erst im Zeugnis; er ist nur, indem er sich zeugt, sich bezeugt und sich zeigt, sich manifestiert.[GPh]

Das Heiligtum der Wahrheit

Bei den *Wundern* des Neuen Testaments kommt es nicht auf den *Inhalt* des Wunders an, sondern darauf, dass es ein *Wunder* ist. Was liegt an der Heilung einer verdorrten Hand, an der Vertrocknung eines Feigenbaums oder der Trunkenheit der Hochzeitsgäste![JS]

Das Leben Gottes und das göttliche Erkennen mag also wohl als ein Spielen der Liebe mit sich selbst ausgesprochen werden; diese Idee sinkt zur Erbaulichkeit und selbst zur Fadheit herab, wenn der Ernst, der Schmerz, die Geduld und Arbeit des Negativen darin fehlt.[PdG]

Der menschliche Geist ist im Innersten nicht ein so Geteiltes in dem zweierlei bestehen könnte, was sich widerspricht. Ist der *Zwist* zwischen der Einsicht und Religion entstanden, so führt er, wenn er nicht *in der Erkenntnis* geschlichtet wird, zur *Verzweiflung*, welche an die Stelle der Versöhnung tritt. Diese Verzweiflung ist die *einseitig durchgeführte Versöhnung*. Man wirft die eine Seite weg, hält die andere allein fest, gewinnt aber dabei nicht wahrhaften Frieden. Entweder wirft dann der in sich entzweite Geist *die Forderung der Einsicht* weg und will zum unbefangenen, religiösen Gefühl zurückkehren. Das kann aber der Geist nur, wenn er sich *Gewalt* antut; denn die Selbständigkeit des Bewusstseins verlangt Befriedigung, lässt sich nicht gewaltsam hinwegstoßen, und dem selbständigen Denken entsagen zu wollen, vermag der gesunde Geist nicht. Das religiöse Gefühl wird *Sehnsucht*,

Heuchelei und behält *das Moment der Nichtbefriedigung*. Die andere Einseitigkeit ist *Gleichgültigkeit gegen die Religion*, die man entweder dahingestellt sein und auf sich beruhen lässt oder endlich bekämpft. Das ist die Konsequenz seichter Seelen.*PhR*

Es ist nicht die Kraft, sondern die Schwäche, welche in unseren Zeiten die Religiosität zu einer *polemischen* Art von Frömmigkeit gemacht hat, sie hänge nun mit einem wahren Bedürfnis oder auch bloß mit nicht befriedigter Eitelkeit zusammen. Statt sein Meinen mit der Arbeit des Studiums zu bezwingen und sein Wollen der Zucht zu unterwerfen und es dadurch zum freien Gehorsam zu erheben, ist es das Wohlfeilste, auf die Erkenntnis objektiver Wahrheit Verzicht zu tun, ein Gefühl der Gedrücktheit und damit den Eigendünkel zu bewahren und an der Gottseligkeit bereits alle Erfordernis zu haben, um die Natur der Gesetze und der Staatseinrichtungen zu durchschauen ....*PhR*

Es sind absurde Vorstellungen, dass Priester dem Volke zum Betrug und Eigennutz eine Religion überhaupt gedichtet haben usf. Es ist ebenso seicht als verkehrt, die Religion als eine Sache der Willkür, der Täuschung anzusehen. Missbraucht haben sie oft die Religion, eine Möglichkeit, welche eine Konsequenz des äußeren Verhältnisses und zeitlichen Daseins der Religion ist; aber weil sie Religion ist, kann sie wohl hier und da an diesem äußerlichen Zusammenhange ergriffen werden; aber wesentlich ist sie es, die vielmehr gegen die endlichen Zwecke und deren Verwicklungen festhält und die über sie erhabene Region ausmacht.

Diese *Region des Geistes* ist vielmehr das *Heiligtum der Wahrheit selbst*, das *Heiligtum*, worin *die übrige Täuschung der Sinnenwelt, der endlichen Vorstellungen und Zwecke, dieses Feldes der Meinung und der Willkür* zerflossen ist.[GPh]

Zunächst müssen wir aber über unseren Zweck das bestimmte Bewusstsein haben, dass es der Philosophie nicht darum zu tun ist, die Religion in einem Subjekt hervorzubringen; sie wird vielmehr als Grundlage in jedem vorausgesetzt. Es soll *der Substanz nach nichts Neues* in den Menschen gebracht werden; dies wäre ebenso verkehrt, als wenn man in einen Hund Geist hineinbringen wollte dadurch, dass man ihn gedruckte Schriften kauen ließe. Wer seine Brust nicht aus dem Treiben des Endlichen heraus ausgeweitet, in der Sehnsucht, Ahnung oder im Gefühl des Ewigen die Erhebung seiner selbst nicht vollbracht und in den reinen Äther der Seele geschaut hat, der besäße nicht den Stoff, der hier begriffen werden soll.[PhR]

Es ist für nicht mehr als für eine Nothilfe anzusehen, die Rechte und Gesetze von der Religion trennen zu wollen, bei vorhandener Ohnmacht, in die Tiefen des religiösen Geistes hinabzusteigen und ihn selbst zu seiner Wahrheit zu erheben. Jene Garantien sind morsche Stützen gegen die *Gewissen* der Subjekte, welche die Gesetze, und darunter gehören die Garantien selbst, handhaben sollen; es ist dies vielmehr der höchste, der unheiligste Widerspruch, das religiöse Gewissen, dem die weltliche Gesetzgebung ein Unheiliges ist, an diese binden und ihr unterwerfen zu wollen.[En]

Gott ist nicht die höchste Empfindung, sondern *der höchste Gedanke*; wenn er auch in die Vorstellung herabgezogen wird, so gehört doch der Gehalt dieser Vorstellung dem Reiche des Gedankens an. Der töricteste Irrwahn unserer Zeit ist die Meinung, dass das Denken der Religion nachteilig sei und diese um so sicherer bestehe, je mehr jenes aufgegeben werde. Dieser Missverstand kommt daher, weil man die höheren geistigen Verhältnisse von Grund aus misskennt. So nimmt man in Ansehung des Rechts den guten Willen für sich als etwas, das der Intelligenz gegenüberstehe, und traut dem Menschen einen um so mehr wahrhaften guten Willen zu, je weniger er denke. Vielmehr sind Recht und Sittlichkeit allein darin, dass ich ein Denkendes bin, d.h. meine Freiheit nicht als die meiner empirischen Person ansehe, die mir als diesem *Besonderen* zukäme, wo ich dann den anderen durch List oder Gewalt unterwerfen könnte, sondern dass ich die Freiheit als ein *an und für sich Seiendes, Allgemeines* betrachte.[PhR]

Freiheit und Vernunft

Herrschaft, Knechtschaft, Selbstbewusstsein –
Die Idee

Nein, Gleichheit gibt es nicht, zumindest nicht in der Realität. Denn immer herrscht der eine über den anderen. Zu den umstrittensten Gedanken Hegels zählt sein Modell von Herr und Knecht. Der Herr ist unfrei, doch der Knecht erfährt die „Gewohnheit des Gehorsams" und wird dadurch frei, was heißt: reif und stark zum Befehlen. Die „Furie des Verschwindens", der zerstörerische Fluss der Zeit weist den Weg zur allgemeinen Freiheit. Ist dies nun eine Apologie der Revolution oder das genaue Gegenteil davon? Wir, im alten Europa, haben mit dem Erbe der Antike vollauf genug zu tun. Doch am Horizont erhebt sich das ganz Andere, der junge Kontinent im Westen, Amerika, das Land der Hoffnung nicht nur für Auswanderer, eine Region mit einer ganz anderen Realität.

Doch wovon reden wir, wenn wir „Wirklichkeit" sagen? Für Hegel gibt es nur ein Wirkliches: das Vernünftige. Heißt das, dass alles, wie es ist, gut sei? Nein. Hegel glaubt an ein Wesen hinter den Dingen, an die Spur Gottes in den Erscheinungen. Die Philosophie zeigt, „dass nichts wirklich ist als die Idee". Der Rest ist vergänglich. Doch um das Wesentliche und die Vernunft zu sehen und zu finden, heißt es die Augen aufzumachen: „Sei keine Schlafmütze, sondern immer wach!" fordert Hegel: „Denn wenn du eine Schlafmütze bist, so bist du blind und stumm. Bist du aber wach, so siehst du alles und sagst zu allem, was es ist. Dieses aber ist die Vernunft und das Beherrschen der Welt." So geht der Blick zurück in diese Realität. Wer der Vernunft folgt, steht im Zeichen des Ganzen.

Herrschaft, Knechtschaft, Selbstbewusstsein

Es ist Bedürfnis der Philosophie, *eine* lebendige Idee zu enthalten. Die Welt ist eine Blume, die aus *einem* Samenkorn ewig hervorgeht.[GPh]

Die Gleichheit ist nichts anders als die Abstraktion, und der formelle Gedanke des Lebens, der ersten Potenz, der bloß ideell und ohne Realität ist. In der Realität hingegen ist die Ungleichheit des Lebens gesetzt, und damit das Verhältnis (von Herrschaft) und Knechtschaft.[SdS]

Der Kampf des Anerkennens und die Unterwerfung unter einen Herrn ist die *Erscheinung*, aus welcher das Zusammenleben der Menschen, als ein Beginnen der *Staaten*, hervorgegangen ist. Die *Gewalt*, welche in dieser Erscheinung Grund ist, ist darum nicht Grund des *Rechts*, obgleich das *notwendige* und *berechtigte* Moment im Übergange des *Zustandes* des in die Begierde und Einzelheit versenkten Selbstbewusstseins in den Zustand des allgemeinen Selbstbewusstseins. Es ist der äußerliche oder *erscheinende Anfang* der Staaten, nicht ihr *substantielles Prinzip*.[En]

Der Knecht arbeitet sich im Dienste des Herrn seinen Einzel- und Eigenwillen ab, hebt die innere Unmittelbarkeit der Begierde auf und macht in dieser Entäußerung und der Furcht des Herrn den Anfang der Weisheit, – den Übergang *zum allgemeinen Selbstbewusstsein.*

Zusatz. Indem der Knecht für den Herrn, folglich nicht im ausschließlichen Interesse seiner eigenen Einzelheit arbeitet, so erhält seine Begierde die *Breite*, nicht nur die Begierde eines *Diesen* zu sein, sondern zugleich die eines *anderen* in sich zu enthalten. Demnach erhebt sich der Knecht über die selbstische Einzelheit seines natürlichen Willens und steht insofern, seinem Werte nach, höher als der in seiner Selbstsucht befangene, im Knechte nur seinen unmittelbaren Willen anschauende, von einem unfreien Bewusstsein auf formelle Weise anerkannte Herr. Jene Unterwerfung der Selbstsucht des Knechtes bildet den *Beginn* der wahrhaften Freiheit des Menschen. Das Erzittern der Einzelheit des Willens, das Gefühl der Nichtigkeit der Selbstsucht, die Gewohnheit des Gehorsams ist ein notwendiges Moment in der Bildung jedes Menschen. Ohne diese den Eigenwillen brechende Zucht erfahren zu haben, wird niemand frei, vernünftig und zum Befehlen fähig.[En]

Der dem Knecht gegenüberstehende Herr war noch nicht wahrhaft frei, denn er schaute im anderen noch nicht durchaus sich selber an. Erst durch das Freiwerden des Knechtes wird folglich auch der Herr vollkommen frei. In dem Zustande dieser allgemeinen Freiheit bin ich, indem ich in *mich* reflektiert bin, unmittelbar in den *anderen* reflektiert, und umgekehrt beziehe ich mich, indem ich mich auf den *anderen* beziehe, unmittelbar auf *mich selber.*[En]

Kein positives Werk noch Tat kann ... die allgemeine Freiheit hervorbringen; es bleibt ihr nur das *negative Tun*; sie ist nur die *Furie* des Verschwindens.[PdG]

Im Stoizismus ist das Selbstbewusstsein die einfache Freiheit seiner selbst; im Skeptizismus realisiert sie sich, vernichtet die andere Seite des bestimmten Daseins, aber verdoppelt *sich* vielmehr und ist sich nun ein Zweifaches. Hierdurch ist die Verdopplung, welche früher an zwei Einzelne, an den Herrn und den Knecht, sich verteilte, in Eines eingekehrt; die Verdopplung des Selbstbewusstseins in sich selbst, welche im Begriffe des Geistes wesentlich ist, ist hiermit vorhanden, aber noch nicht ihre Einheit, und das *unglückliche Bewusstsein* ist das Bewusstsein seiner als des gedoppelten, nur widersprechenden Wesens.[PdG]

Die Moralität, die Sittlichkeit, das Staatsinteresse ist jedes ein eigentümliches Recht, weil jede dieser Gestalten Bestimmung und Dasein der *Freiheit* ist. In *Kollision* können sie nur kommen, insofern sie auf gleicher Linie stehen, Rechte zu sein; wäre der moralische Standpunkt des Geistes nicht auch ein Recht, die Freiheit in einer ihrer Formen, so könnte sie gar nicht in Kollision mit dem Rechte der Persönlichkeit oder einem anderen kommen, weil ein solches den Freiheitsbegriff, die höchste Bestimmung des Geistes, in sich enthält, gegen welchen anderes ein substanzloses ist. Aber die Kollision enthält zugleich dies andere Moment, dass sie beschränkt und damit auch eins dem anderen untergeordnet ist; nur das Recht des Weltgeistes ist das uneingeschränkt absolute.*GPhR*

Die Ruhe göttlicher Heiterkeit darf sich nicht zu Freude, Vergnügen, Zufriedenheit besondern, und der *Frieden* der Ewigkeit muss nicht zum Lächeln des Selbstgenügens und gemütlichen Behagens herunterkommen. Zufriedenheit ist das Gefühl der Übereinstimmung unserer einzelnen Subjektivität mit dem Zustande unseres bestimmten, uns gegebenen oder durch uns hervorgebrachten Zustandes. Napoleon z. B. hat nie gründlicher seine Zufriedenheit ausgedrückt, als wenn ihm etwas gelungen war, womit alle Welt sich unzufrieden bezeigte. Denn Zufriedenheit ist nur die Billigung meines eigenen Seins, Tuns und Treibens, und das Extrem derselben gibt sich in jener Philisterempfindung zu erkennen, zu der es jeder fertige Mensch bringen muss.*Ä*

Das Denken ist nur Wissen und Erkennen, insofern es sich befreit hat, und zwar befreit wesentlich von der Weise der bloßen Unmittelbarkeit der Seele; diese Unmittelbarkeit werde nur als Anschauen oder als Einheit des Anschauens und Denkens genommen.*BS*

Sehen wir nur näher zu, so zeigt es sich, dass in der Tat der Inhalt, das Bedürfnis und das Interesse der Philosophie mit dem der Religion ein gemeinschaftliches ist.

Der Gegenstand der Religion wie der Philosophie ist *die ewige Wahrheit* in ihrer Objektivität selbst, Gott und nichts als Gott und die Explikation Gottes. Die Philosophie ist nicht Weisheit der Welt, sondern Erkenntnis des *Nichtweltlichen*, nicht Erkenntnis der äußerlichen Masse, des empirischen Daseins und Lebens, sondern Erkenntnis dessen, was ewig ist, was Gott ist und was aus seiner Natur fließt. Denn diese Natur muss sich offenbaren und entwickeln. Die Philosophie expliziert daher nur sich, indem sie die Religion expliziert, und indem sie sich expliziert, expliziert sie die Religion. Als Beschäftigung mit der ewigen Wahrheit, die an und für sich ist, und zwar als Beschäftigung des denkenden Geistes, nicht der Willkür und des besonderen Interesses mit diesem Gegenstande, ist sie dieselbe Tätigkeit, welche die Religion ist; und als philosophierend versenkt sich der Geist mit gleicher Lebendigkeit in diesen Gegenstand und entsagt er ebenso seiner Besonderheit, indem er sein Objekt durchdringt, wie es das religiöse Bewusstsein tut, das auch nichts Eigenes haben, sondern sich nur in diesen Inhalt versenken will.[PhR]

Amerika ist ... ein Land der Sehnsucht für alle die, welche die historische Rüstkammer des alten Europa langweilt. Napoleon soll gesagt haben: *Cette vieille Europe m'ennuie*. Amerika hat von dem Boden auszuscheiden, auf welchem sich bis heute die Weltgeschichte begab. Was bis jetzt sich hier ereignet, ist nur der Widerhall der Alten Welt und der Ausdruck fremder Lebendigkeit, und als ein Land der Zukunft geht es uns überhaupt hier nichts an; denn wir haben es nach der Seite der Geschichte mit dem zu tun, was gewesen ist, und mit dem, was ist, – in der Philosophie aber mit dem, was weder nur gewesen ist noch erst nur sein wird, sondern mit dem, was ist und ewig ist – mit der Vernunft, und damit haben wir zur Genüge zu tun.*PhG*

Die Idee

Narren werden mit Schaden klug, die gescheiten Leute bleiben hingegen mit allem Schaden unklug.*JS*

Der Mensch hat Vernunft, Verstand, Phantasie, Wille, wie er geboren, selbst im Mutterleibe. Das Kind ist auch ein Mensch, es hat aber nur das Vermögen, die reale Möglichkeit der Vernunft; es ist so gut, als hätte es keine Vernunft, sie existiert noch nicht an ihm; es vermag noch nichts Vernünftiges zu tun, hat kein vernünftiges Bewusstsein. Erst indem (das), was der Mensch so an sich ist, für ihn wird, also die Vernunft für sich, hat dann der Mensch Wirklichkeit nach irgendeiner Seite, – ist wirklich vernünftig, und nun für die Vernunft.

Was heißt dies näher? Was an sich ist, muss dem Menschen zum Gegenstand werden, zum Bewusstsein kommen; so wird es für den Menschen. Was ihm Gegenstand, ist dasselbe, was er an sich ist; und so wird der Mensch erst für sich selbst, ist verdoppelt, ist erhalten, nicht ein Anderer geworden.*GPh*

Der Barbar verwundert sich, wenn er hört, dass das Quadrat der Hypotenuse gleich sei der Summe des

Quadrats beider Katheten. Er meint, es könne auch anders sein, fürchtet sich vorzüglich vor dem Verstande und bleibt in der Anschauung. Die Vernunft ohne Verstand ist nichts, der Verstand doch etwas ohne Vernunft. Der Verstand kann nicht geschenkt werden.*JS*

Die Scheidewand zwischen der *Terminologie* der Philosophie und des gewöhnlichen Bewusstseins ist noch zu durchbrechen; das Widerstreben, das Bekannte zu *denken*. Es soll sein ruhiges Bewenden damit haben, es soll nicht Ernst mit der Philosophie gemacht werden; dies aber tut sie, wenn sie sich an das Gang und Gäbe wendet.*JS*

Alte, ihre Eier sind faul, sagt die Einkäuferin zur Hökersfrau. Was, entgegnet diese, meine Eier faul? Sie mag mir faul sein! Sie soll mir das von meinen Eiern sagen? Sie? Haben ihren Vater nicht die Läuse an der Landstraße aufgefressen, ist nicht ihre Mutter mit den Franzosen fortgelaufen und ihre Großmutter im Spital gestorben, – schaff sie sich für ihr Flitterhalstuch ein ganzes Hemd an; man weiß wohl, wo sie dies Halstuch und ihre Mützen her hat; wenn die Offiziere nicht wären, wär jetzt manche nicht so geputzt, und wenn die gnädigen Frauen mehr auf ihre Haushaltung sähen, säße manche im Stockhause, – flick sie sich nur die Löcher in den Strümpfen! – Kurz, sie lässt keinen guten Faden an ihr. Sie denkt abstrakt und subsumiert sie nach Halstuch, Mütze, Hemd usf. wie nach den Fingern und anderen Partien, auch nach (dem) Vater und der ganzen Sippschaft, ganz allein unter das Verbrechen, dass sie die Eier faul gefunden hat; alles an ihr ist durch und durch mit diesen faulen Eiern gefärbt, dahingegen jene Offiziere, von denen die Hökersfrau sprach – wenn anders, wie sehr zu zweifeln, etwas daran ist –, ganz andere Dinge an ihr zu sehen bekommen mögen.*JS*

Nach Kant wird produziert ein Sinnliches mit Denkbestimmungen, was aber nicht die Sache ist: z. B. ich fühle etwas Hartes, – ich fühle das Harte, aber Etwas fühle ich nicht. Kants Philosophie endet mit Dualismus, Beziehung, die ein schlechthin wesentliches Sollen, dem unaufgelösten Widerspruche. Anders Jacobis Glaube; er findet Vorstellung von Gott und unmittelbares Sein, alle Vermittlung ist unwahr. – Bei Kant ist also das Resultat: „Wir erkennen nur Erscheinungen"; bei Jacobi dagegen: „Wir erkennen nur Endliches und Bedingtes."

Über beide Resultate ist nun eitel Freude unter den Menschen gewesen, weil die Faulheit der Vernunft nun, gottlob, von allen Anforderungen des Nachdenkens sich entbunden, der Freiheit ein vollkommenes Recht eingeräumt meinte und nun, da das Insichgehen, das in die Tiefe der Natur und des Geistes Steigen erspart war, es sich wohlsein lassen konnte.*GPh*

Sei keine Schlafmütze, sondern immer wach! Denn wenn du eine Schlafmütze bist, so bist du blind und stumm. Bist du aber wach, so siehst du alles und sagst zu allem, was es ist. Dieses aber ist die Vernunft und das Beherrschen der Welt.*JS*

Der subjektive Wille, die Leidenschaft ist das Betätigende, Verwirklichende; die Idee ist das Innere; der Staat ist das vorhandene, wirklich sittliche Leben. Denn er ist die Einheit des allgemeinen, wesentlichen Wollens und des subjektiven, und das ist die Sittlichkeit. Das Individuum, das in dieser Einheit lebt, hat ein sittliches Leben, hat einen Wert, der allein in dieser Substantialität besteht. Antigone beim Sophokles sagt: die göttlichen Gebote sind nicht von gestern, noch von heute, nein, sie leben ohne Ende, und niemand wüsste zu sagen, von wannen sie kamen. Die Gesetze der Sittlichkeit sind nicht zufällig, sondern das Vernünftige selbst. Dass nun das Substantielle im wirklichen Tun der Menschen und in ihrer Gesinnung gelte, vorhanden sei und sich selbst erhalte, das ist der Zweck des Staates. Es ist das absolute Interesse der Vernunft, dass dieses sittliche Ganze vorhanden sei.[PhG]

Das Wahre ist so der bacchantische Taumel, an dem kein Glied nicht trunken ist.[PdG]

Aufgeben, wie Aufheben, doppelsinnig: a) Aufgeben – es als verloren, vernichtet betrachten; b) (Aufgeben) – eben damit aber zugleich es zum Problem machen, dessen Gehalt nicht vernichtet ist, sondern der gerettet und dessen Verkümmerung, Schwierigkeit zu lösen ist.[BS]

Was vernünftig ist, das ist wirklich;
und was wirklich ist, das ist vernünftig.

In dieser Überzeugung steht jedes unbefangene Bewusstsein wie die Philosophie, und hiervon geht diese ebenso in Betrachtung des *geistigen* Universums aus als des *natürlichen.* Wenn die Reflexion, das Gefühl oder welche Gestalt das subjektive Bewusstsein habe, die *Gegenwart* für ein *Eitles* ansieht, über sie hinaus ist und es besser weiß, so befindet es sich im Eitlen, und weil es Wirklichkeit nur in der Gegenwart hat, ist es so selbst nur Eitelkeit. Wenn umgekehrt die *Idee* für das gilt, was nur so eine Idee, eine Vorstellung in einem Meinen ist, so gewährt hingegen die Philosophie die Einsicht, dass nichts wirklich ist als die Idee. *GPhR*

Anhang

Kürzel

Ä	Ästhetik
B	Briefe
BS	Berliner Schriften
En	Enzyklopädie
FS	Frühe Schriften
GPh	Vorlesungen über die Geschichte der Philosophie
GPhR	Grundlagen der Philosophie des Rechts
JS	Jenaer Schriften
NHS	Nürnberger und Heidelberger Schriften/ Philosophische Propädeutik
PdG	Phänomenologie des Geistes
PhG	Vorlesungen über die Philosophie der Geschichte
PhR	Vorlesungen über die Philosophie der Religion
SdS	System der Sittlichkeit

Quellen

Unsere Ausgabe stützt sich auf folgende Editionen:

Georg Wilhelm Friedrich Hegel: Sämtliche Werke. Jubiläumsausgabe in zwanzig Bänden neu hrsg. von Hermann Glockner. 26 Bde. Stuttgart 1927–1940, 3. Aufl. 1949–1959.
(–): Werke in 20 Bänden, neu ediert von Eva Moldenhauer und Karl Markus Michel. (Theorie Werkausgabe), Frankfurt/M. 1969-1971.
(–): Vorlesungen. Ausgewählte Manuskripte und Nachschriften, Hamburg 1983 ff.

Briefe von und an Hegel. Herausgegeben von Johannes Hoffmeister, Vier Bände, Hamburg, 3. Aufl. 1969.

Suchhilfe:
Hegels Werk im Kontext. Werke und Vorlesungen auf CD-ROM (= Literatur im Kontext Vol. 26), Berlin 2006.

Material:
Karl Rosenkranz: Georg Wilhelm Friedrich Hegels Leben, Berlin 1844, Nachdruck Darmstadt 1988.

Eckhard Henscheid: Wie Max Horkheimer einmal sogar Adorno hereinlegte. Anekdoten über Fußball, Kritische Theorie, Hegel und Schach. Mit Zeichnungen von F. W. Bernstein, Zürich 1983.

Die Rechtschreibung wurde behutsam aktualisiert; griechische Originalzitate wurden in lateinische Schrift überführt. Auslassungen wurden durch ... gekennzeichnet.

Eintauchen – Träumen – Entdecken – Genießen

Mit Anselm Grün zur
inneren Balance finden
Band 5701

Mit Senta Berger ins
weite Land der Kindheit
Band 5702

Mit Joel ben Izzy
im Zaubergarten des
Erzählens
Band 5703

Mit Rilke ins Herz
der Liebe schauen
Band 5704

Mit Robert Lax
die Träume fangen
Band 5705

Mit dem Dalai Lama
den Tag beschließen
Band 5706

Mit Verena Kast die
Lebensfreude einladen
Band 5707

Mit Janusz Korczak die
Kinderwelt verstehen
Band 5708

Mit Kant am Ast der
Dummheit sägen
Band 5709

Mit Nietzsche
die Langsamkeit
entdecken
Band 5710

Mit Erich Fromm
die Liebe zum Leben
entdecken
Band 5793

Mit Schopenhauer
gelassen durchs Leben
Band 5794

Mit Tucholsky
die Frauen verstehen
Band 5795

Mit C. S. Lewis
den Staub aus dem
Alltag klopfen
Band 5804

Mit Hannelore Hoger
dem Täter auf der Spur
Band 5808

Mit Goethe
der Leidenschaft des
Herzens folgen
Band 5857

Mit Eichendorff
ins Land der Sehnsucht
wandern
Band 5858

HERDER spektrum